Tamara Rachbauer

Das CMS eZ Publish
in Theorie und Praxis

Theoretische und praktische Einführung
in die Arbeit mit dem
Content Management System

Rachbauer, Tamara: Das CMS eZ Publish in Theorie und Praxis: Theoretische und praktische Einführung in die Arbeit mit dem Content Management System, Hamburg, Igel Verlag RWS 2014

Buch-ISBN: 978-3-95485-164-5
PDF-eBook-ISBN: 978-3-95485-664-0
Druck/Herstellung: Igel Verlag RWS, Hamburg, 2014

Bibliografische Information der Deutschen Nationalbibliothek:
Die Deutsche Nationalbibliothek verzeichnet diese Publikation in der Deutschen Nationalbibliografie; detaillierte bibliografische Daten sind im Internet über http://dnb.d-nb.de abrufbar.

© Igel Verlag RWS, Imprint der Diplomica Verlag GmbH
Hermannstal 119k, 22119 Hamburg
http://www.diplomica.de, Hamburg 2014
Printed in Germany

Inhaltsverzeichnis

1 Zusammenfassung

Aufgabe dieser Dokumentation ist es, das Content Management System eZ Publish, sowohl aus theoretischer als auch aus praktischer Sichtweise, vorzustellen. Aus diesem Grund ist ein komplettes Kapitel dem praktischen Arbeiten mit eZ Publish gewidmet.

Der Abschnitt 2 gibt einen kurzen Systemüberblick mit einigen allgemeinen Informationen wie z. B. den zum Tragen kommenden Lizenzmodellen oder den Voraussetzungen zum technischen Betrieb. Weiters werden auch einige Angaben zum internen Aufbau und der Verzeichnisstruktur von eZ Publish gemacht.

Danach folgt im Abschnitt 3 eine genaue Beschreibung zur Vorgehensweise der Installation von eZ Publish auf einem Apache-Server mit einer MySQL-Datenbank. Dabei werden sowohl die Installationsvoraussetzungen wie auch der Installationsablauf beschrieben. Zusätzlich wird noch auf die lokale Testinstallation mittels eZ Publish 3.10 Installer für Windows eingegangen.

Ein weiterer Abschnitt 4 beschäftigt sich mit dem Content Management in eZ Publish, das heißt wie Content strukturiert wird, was es mit der Content-Versionierung auf sich hat, wie es mit der Sprachunterstützung aussieht, was ein Content-Knotenbaum, Sektionen, Module und Views sind, wie eZ Publish URLs behandelt und wie das CMS mit Zugriffskontrollen und Workflows umgeht.

Der 5. Abschnitt beschäftigt sich mit dem Thema Templates in eZ Publish. Dabei werden die Grundlagen beschrieben, ein kurze Einführung in die Template-Sprache gegeben und das Template-Override-System beschrieben

In einem weiteren Abschnitt 6 wird auf das Arbeiten mit ez Publish eingegangen. Dabei wird zuerst ein kurzer Überblick über das Administrations-Interface gegeben, dann wird die Vorgehensweise zum Erstellen und Einbinden von benutzerdefinierten Templates und Stylesheets gezeigt, um ein eigens Seitenlayout erzeugen zu können. Weiters wird auf das Anlegen von Benutzergruppen und Zuweisen von Rollen und Verteilen von Rechten eingegangen.

Der vorletzte Abschnitt 7 beschäftigt sich mit den erwähnenswerten Besonderheiten des Systems, wie z. B. den verschiedenen Content- und Media-Arten, die es in eZ Publish gibt, und einigen interessanten Features.

Der letzte Abschnitt 8 schließt die Dokumentation mit einer zusammenfassenden Wertung ab.

2 Systemüberblick

Laut [eZ Publish 2007] ist eZ Publish ein Open Source Enterprise Content Management System und Entwicklungs-Framework mit Funktionalitäten für Webseiten, E-Commerce-Anwendungen wie Web-Shops, Intranets und Extranets.

Das CMS ist für große und umfangreiche Websites konzipiert, das bedeutet, dass es je nach Anforderung auf Größe, Anzahl der Nutzer, Datenkapazität, Anzahl der Server und Internet-Anbindung angepasst werden kann.

EZ Publish erzwingt durch die XML-konforme Speicherung aller Inhalte die strenge Trennung von Information und Design, wodurch eine barrierefreie Gestaltung z. B. für Braille-Geräte sowie die Anbindung anderer Ausgabegeräte wie WAP-Browser oder Mobiltelefone ermöglicht wird.

EZ Publish ist sowohl als freie Open Source Version unter der GNU General Public License [GNU 2007] erhältlich, als auch unter der eZ Publish Professional Lizenz [eZPUL 2007] mit entsprechendem kommerziellen Support, z. B. Gewährleistung oder automatischen Patches und Updates für das eingesetzte eZ Publish System.

Entwickelt wird eZ Publish von der norwegischen Firma eZ Systems zusammen mit einer wachsenden Benutzer- und Entwickler-Gemeinschaft, die immer wieder neue Funktionen wie z. B. Applikationen, Plugins und Dokumentationen, die zum Teil unter [eZ Publish Developer 2007] herunter geladen werden können, entwickeln.

Es besteht auch die Möglichkeit selbst Änderungen am System, in Form von so genanten Extensions bzw. Modulen, durchzuführen, um es an eigene Bedürfnisse anpassen zu können.

Das Content Management System eZ Publish basiert als LAMP-Anwendung auf PHP. LAMP ist eine Abkürzung und steht für Linux mit Apache-Webserver, MySQL-Datenbank und PHP als Skriptsprache. Es ist also nicht verwunderlich, dass [eZ Publish 2007] einen Linux basierten Webserver mit Apache und installiertem PHP und eine MySQL-Datenbank in Produktionsumgebungen empfiehlt. Nichtsdestotrotz sollten auch Windows 2000 und Windows XP, Mac OS X und Unix-Systeme funktionieren, genauso wie andere Webserver als der Apache, die PHP unterstützen.

EZ Publish legt den gesamten Content in einer Datenbank ab. Dabei werden derzeit laut [ez Publish 2007] zwar nur MySQL und PostgreSQL unterstützt, dennoch kann durch den Einsatz der offenen Datenbankschnittstelle fast jede SQL Datenbank an das System angebunden werden. Zurzeit gibt es bereits fertige Schnittstellen zu den Datenbanken Microsoft SQL Server und Oracle. Eine Ausnahme stellen Bilder, binäre Dateien und alle Daten, die mit dem Design zusammenhängen, dar. Diese werden nicht in der Datenbank, sondern im Dateisystem unter „design" bzw. „var" abgelegt.

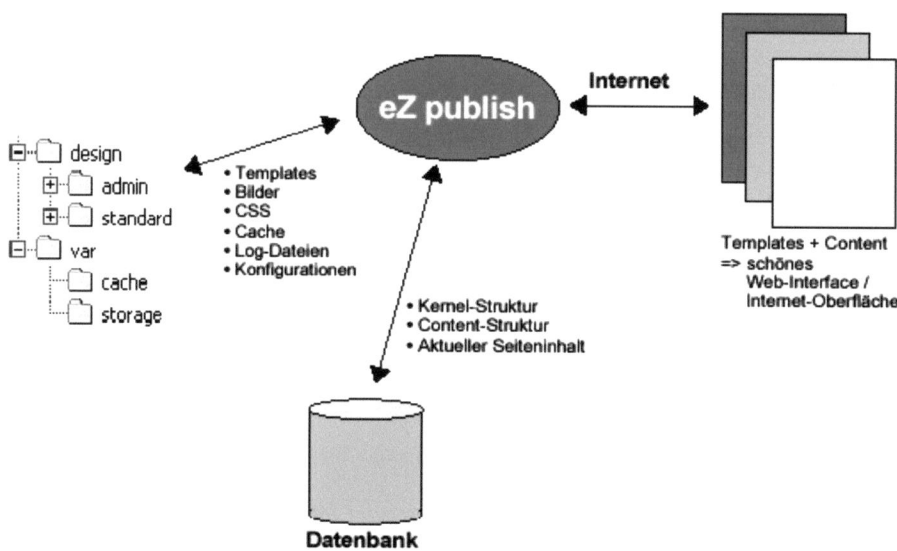

Abb.2.1 „Speicherung der Daten in eZ Publish", [eZ Publish Docs 2007]

4

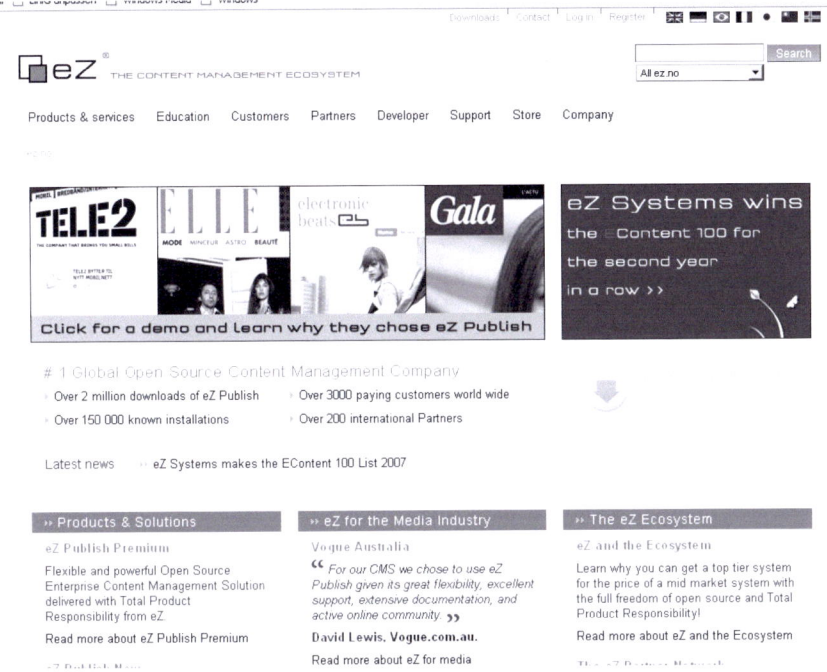

Abb.2.2 Screenshot „ez.no Homepage http://ez.no/"

Die Version, die beim Verfassen dieser Dokumentation verwendet wurde, ist eZ Publish 3.10 (Stand 4. Oktober 2007) und steht unter [eZ Publish Download 2007] zum Download bereit. Seit 3. Dezember 2007 ist nun auch eZ Publish 4.0 in einer stabilen Version als Download unter [eZ Publish Download 2007] zu finden.

3 Installation von eZ Publish

3.1 Installationsvoraussetzungen

3.1.1 Hardware

Laut [eZ Publish 2007] gibt es zwar keine festen Vorgaben, da die Hardware von mehreren Faktoren, wie die durchschnittliche Zahl der Anwender, die Anzahl der zum Einsatz kommenden Templates und dem eingestellten Caching abhängt, dennoch gibt es einige Mindestanforderungen:

- **Arbeitsspeicher**: 512MB RAM gelten als Minimum.
- **Festplattenplatz**: 50MB gelten hier als Minimum für die Installation.
- **Prozessor**: CPU mit mindestens 500MHz

3.1.2 Software

Laut [eZ Publish 2007] sind folgende Anforderungen an die Software zu stellen:

- **Webserver Software**: Empfohlen wird Apache 1.3 oder 2 oder ein anderer Webserver mit PHP-Unterstützung.
- **Apache-Module:** zumindest mod_php.
- **PHP Skriptsprache**: PHP4 (Version 4.4.0 oder höher) oder PHP5 (Version 5.1.0 oder höher).
- **PHP Einstellungen:**
  - PHP darf nicht mit Safe-Mode konfiguriert sein.
  - Die pcre-Extension muss aktiviert sein.
  - memory_limit sollte mindestens auf 64MB gesetzt sein.
- **PHP CLI:** Command Line Interface sollte installiert sein, da sonst einige Funktionen von eZ Publish wie z. B. das Versenden von Benachrichtigungen an Benutzer bei speziellen Ereignissen wie Updates oder das Löschen des Cache über die Kommandozeile nicht durchgeführt werden können.
- **PHP-Accelerator:** wird dringend empfohlen um die Performanz zu steigern. Accelerators, die gut mit eZ Publish zusammenarbeiten sind:
  - Turck mmCache,
  - Zend Accelerator (ZPS) und
  - APC.
- **Datenbank auf dem Server:** MySQL Version 3.23 oder höher oder PostgreSQL Version 7.3 oder höher werden vollständig unterstützt und empfohlen.

3.2 Installationsablauf

Sind die Installationsvoraussetzungen erfüllt, erfolgt die normale Installation auf einem von [eZ Publish 2007] empfohlenen Linux-Server in folgenden Schritten.

1. eZ Publish kann direkt von der Download-Seite [eZ Publish Download 2007] als komprimiertes Archiv herunter geladen werden.

2. Nach dem Herunterladen und Entpacken des Archivs gibt es einen Ordner „ezpublish-3.10.0", den man der Einfachheit halber z. B. in „ezpublish" umbenennt. Dieser Ordner, den man z. B. mittels FTP auf den Webspace des Providers kopieren muss, besitzt folgenden Inhalt:

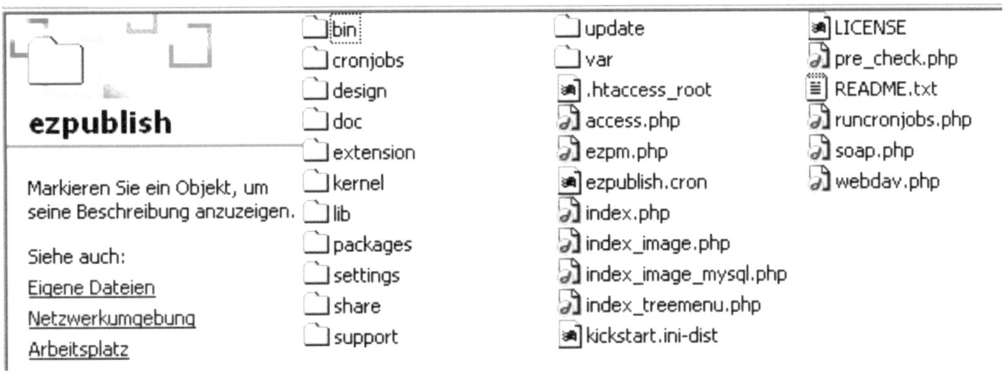

Abb.3.2.1 Screenshot „Inhalt des Ordners ezpublish – Version 3.10.0"

3. Zusätzlich muss eine neue, leere Datenbank angelegt werden, z. B. „ezdatabase" mit einem Benutzer, der darauf zugreifen kann, z. B. „ezuser".

   Als Beispiel für den Aufruf in der Kommandozeilenebene bei Verwendung von MySQL laut [eZ Publish Docs 2007]:

   – Einloggen als root:

   # mysql -u root -p <Passwort>

   Eine neue Datenbank erstellen:

   > CREATE DATABASE ezdatabase; character set <character_set>;

   – Berechtigungen festlegen:

   > GRANT ALL ON ezdatabase.* TO ezuser@localhost IDENTIFIED BY 'yourpassword';

   > quit

   # mysqladmin -p reload

4. Ist dies geschehen, ruft man mit dem Browser das eZ Publish-Verzeichnis auf, z. B. mit http://www.beispieldomainname.de/ezpublish/index.php und der Installationsassistent startet.

5. Auf der Willkommensseite wird die gewünschte Installationssprache ausgewählt, dann die Schaltfläche „Weiter" gedrückt.

6. Der Installations-Assistent prüft zunächst die grundlegenden Installationsvoraussetzungen.

7. Im nächsten Schritt kann angegeben werden, auf welchem Weg eZ Publish E-Mails versenden soll. Wenn das PHP-Skript sendmail auf dem Server installiert ist, sollte dieses verwendet werden, ansonsten kann auch SMTP verwendet werden.

8. Danach kann die Datenbank ausgewählt werden, wenn PHP mehrere Datenbanktypen unterstützt. Wird nur ein Datenbanktyp unterstützt z. B. MySQL, wählt der Assistent diesen automatisch und der Dialog zur Auswahl wird nicht angezeigt.

9. Im nächsten Schritt werden die Zugangsdaten zur Datenbank abgefragt.

10. Nun können Einstellungen zur Sprache durchgeführt werden. In der ersten Spalte wird per Radiobutton die Standardsprache ausgewählt, mit der eZ Publish die Besucher begrüßen soll. In der zweiten Spalte wird über die Checkboxen festgelegt, welche Sprachen zusätzlich zur Verfügung stehen sollen, damit der Content auch in anderen Sprachen angezeigt werden kann.

11. Auf der folgenden Seite kann aus bereits fertigen Designvorlagen ein Design für die Seite ausgewählt werden. Diese Designvorlagen bestehen aus Templates, CSS und Grafiken und können als Grundlage für eigene Designs dienen.

12. In einem weiteren Schritt muss ausgewählt werden wie eZ Publish auf ausgewählte Seiten zugreift. Die Standard-Methode ist die URL-Methode, das heißt, dass eZ Publish die Seiten anhand der URL auswählt, oder noch genauer gesagt, anhand des Teils der nach index.php kommt.

13. Gegen Ende der Installation werden noch einige Seitendetails abgefragt wie z. B. der Seitentitel, die Seiten-URL oder die zu verwendende Datenbank, die mittels DropDown-Menü ausgewählt werden kann. Des Weiteren müssen noch einige Angaben zum Administrator gemacht werden wie Vor- und Nachname, E-Mail Adresse und selbst gewähltes Passwort.

14. Als letzten Schritt hat man noch die Möglichkeit, seine eZ Publish Version zu registrieren, dann ist die Installation abgeschlossen.

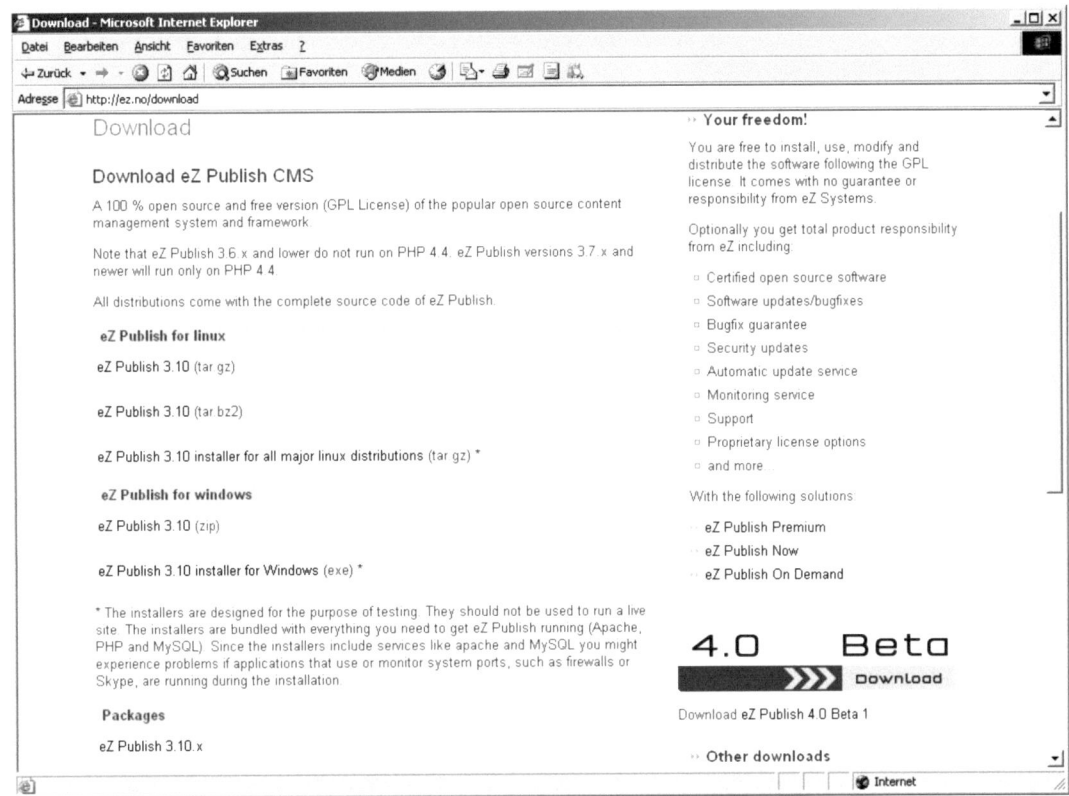

Abb.3.2.2 Screenshot „Downloadseite von ez.no"

3.3 Lokale Testinstallation mit eZ Publish 3.10 Installer für Windows

Um Erfahrungen mit eZ Publish sammeln zu können, das heißt,

- Einstellungen auszuprobieren,
- Templates zu erzeugen und
- Beispielseiten anzulegen,

wurde das CMS mit Hilfe des Installationspaketes „eZ Publish 3.10 Installer für Windows" zuerst lokal auf einem Windows 2000 PC installiert.

In diesen Installern sind alle Komponenten enthalten, die zum Betrieb von eZ Publish notwendig sind, das heißt Apache, PHP und MySQL.

Nach einem Doppelklick auf die .exe-Datei startet der Installationsassistent mit dem Begrüßungsfenster.

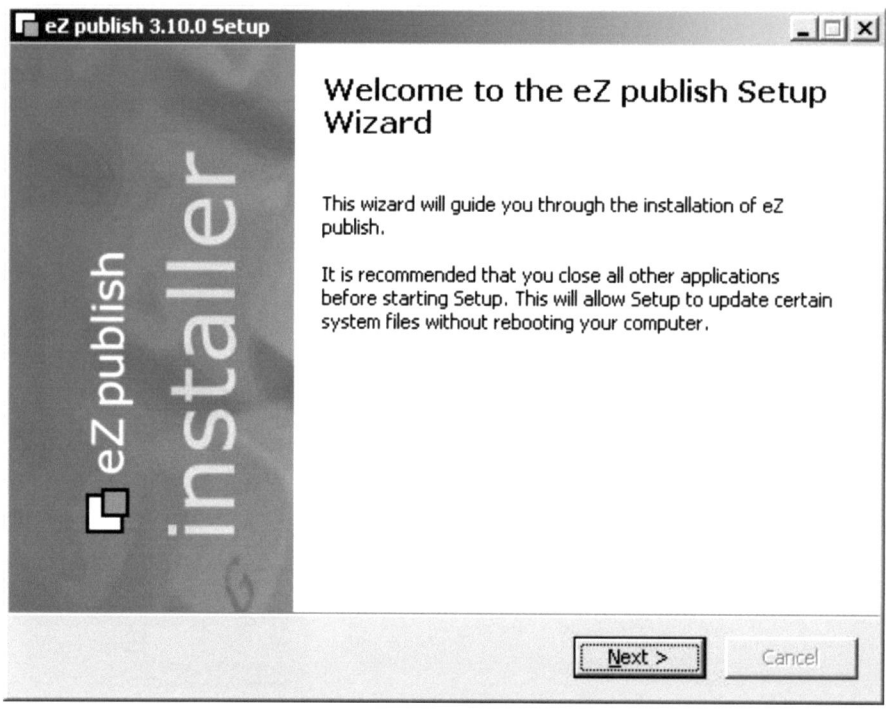

Abb.3.3.1 „eZ Publish-Installation Schritt 1 – Begrüßungsfenster"

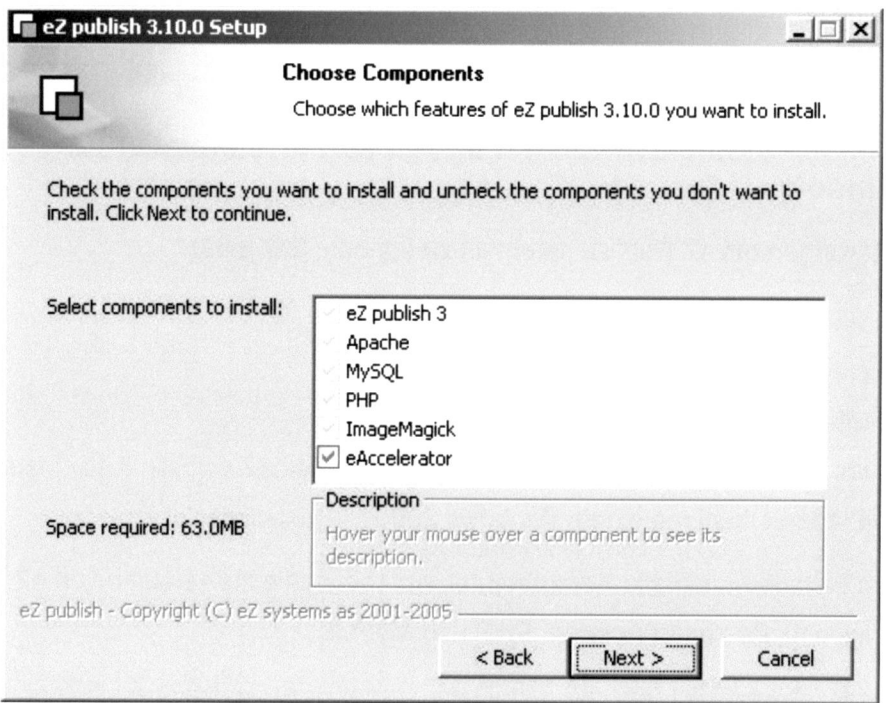

Abb.3.3.2 „eZ Publish-Installation Schritt 2 – die zu installierenden Komponenten wählen"

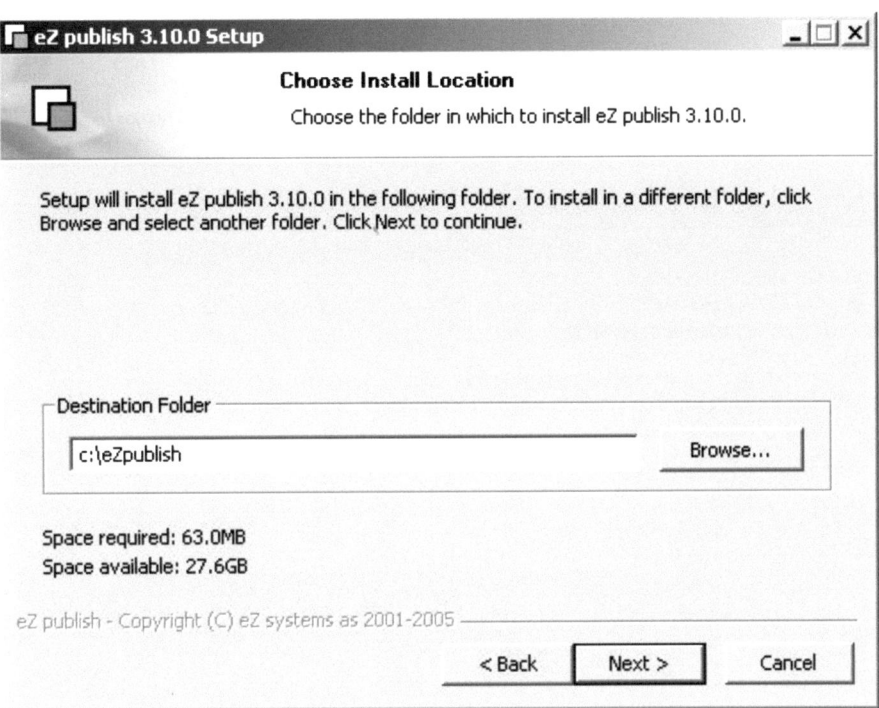

Abb.3.3.3 „eZ Publish-Installation Schritt 3 – Installationsort auswählen"

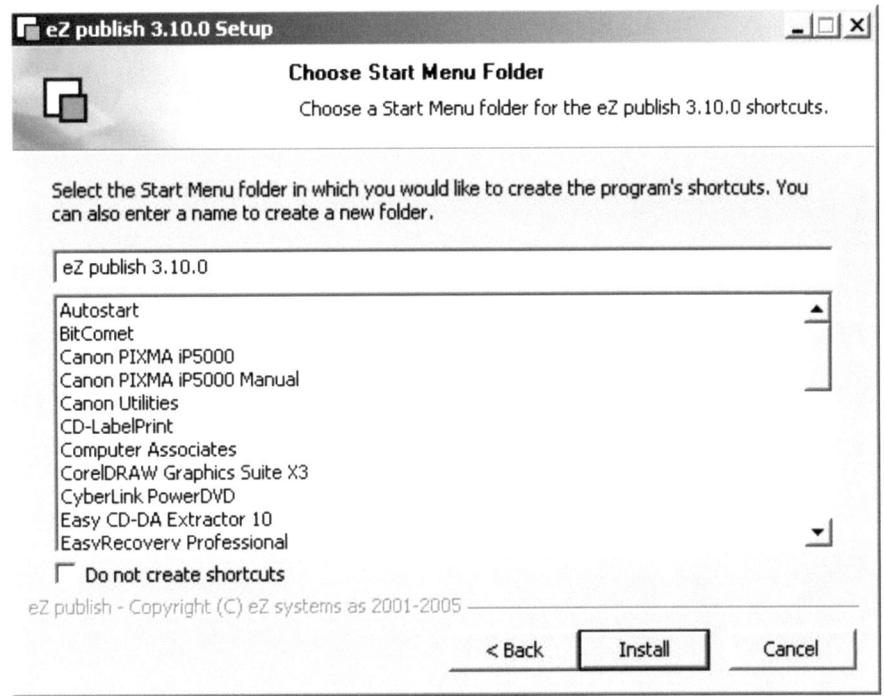

Abb.3.3.4 „eZ Publish Installation Schritt 4 – auswählen, ob eZ Publish im Startmenü enthalten sein soll"

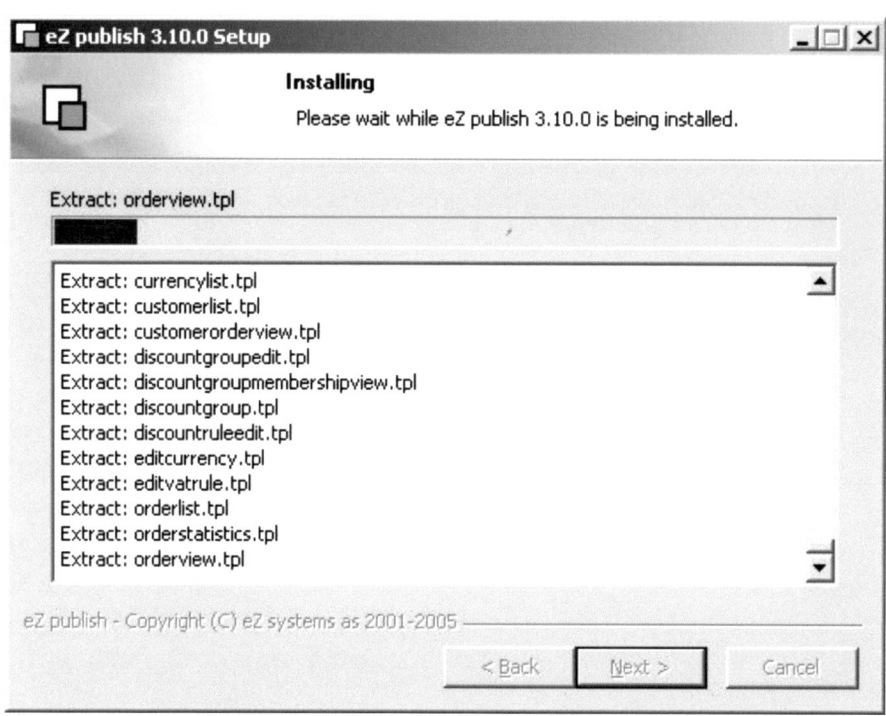

Abb.3.3.5 „eZ Publish-Installation Schritt 5 – der Installationsprozess läuft ab"

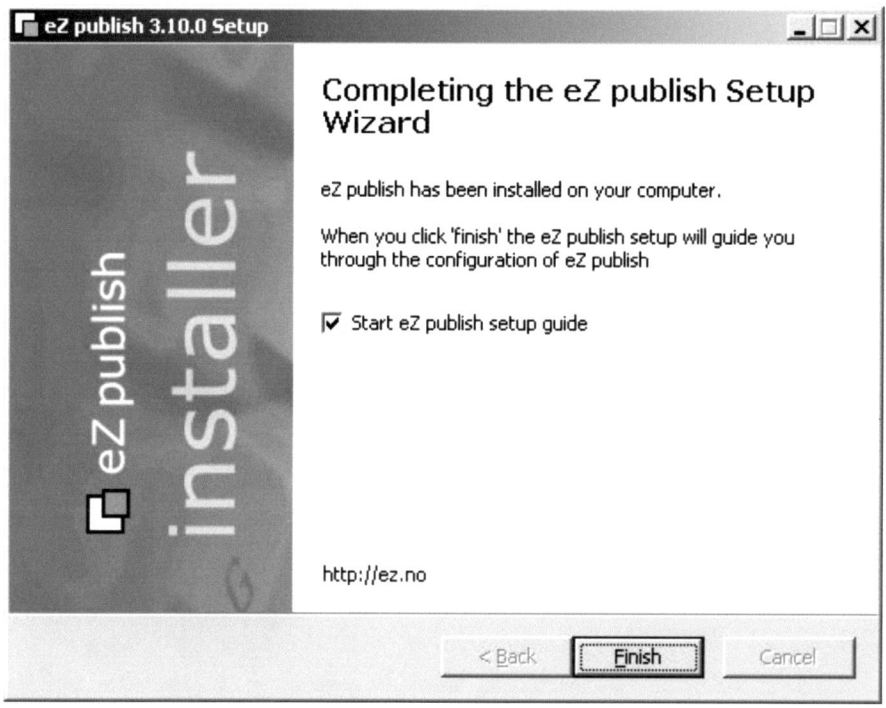

Abb.3.3.6 „eZ Publish-Installation Schritt 6 – das grundlegende Setup ist beendet"

Die Vorbereitungen, also die Installation und das Einrichten von

- Apache,

- MySQL und

- PHP

sind nun abgeschlossen.

In den nächsten Schritten geht es nun um die eigentliche Installation des CMS.

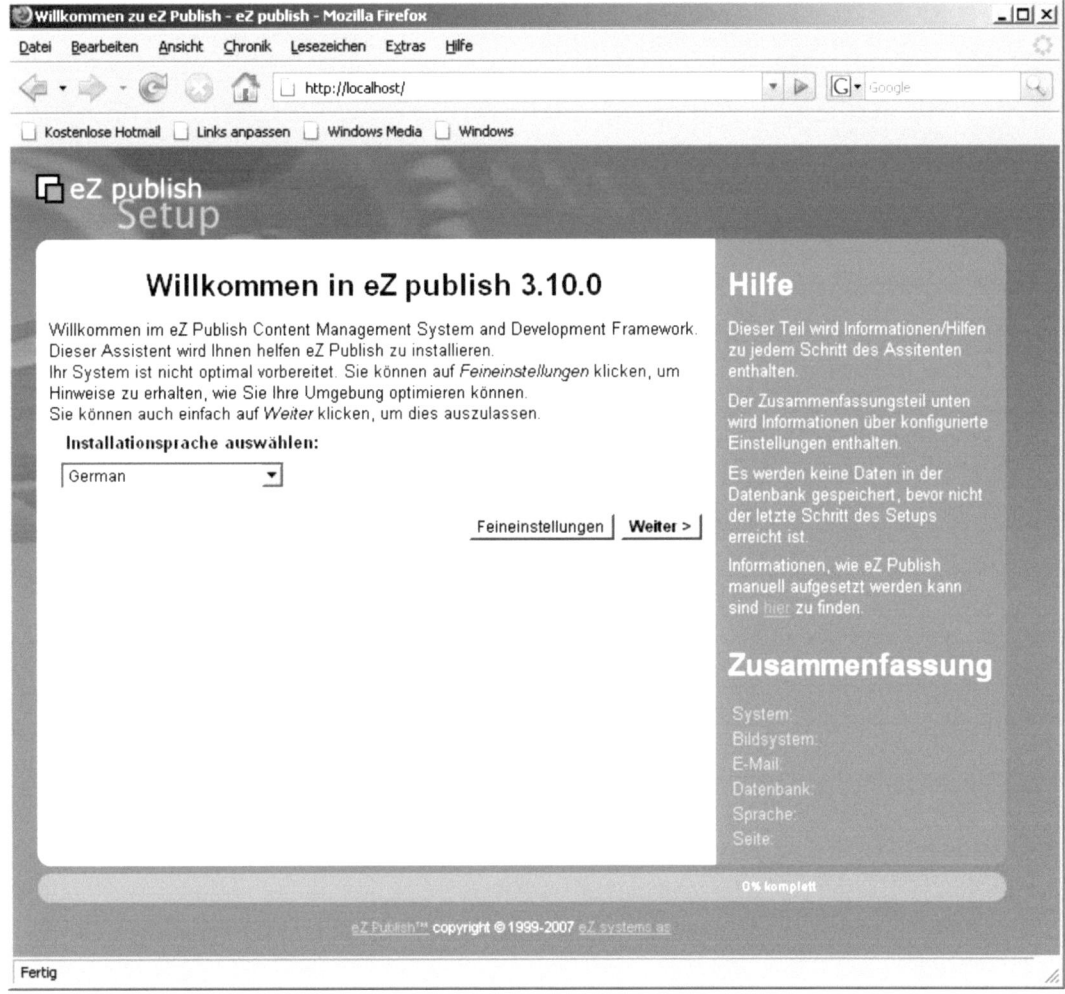

Abb.3.3.7 „eZ Publish-Installation Schritt 7 – Willkommensbildschirm und Auswahl der Installationssprache"

Hier muss nur die Sprache ausgewählt werden, in welcher die Installation ablaufen soll. Anschließend auf die Schaltfläche „Weiter" klicken.

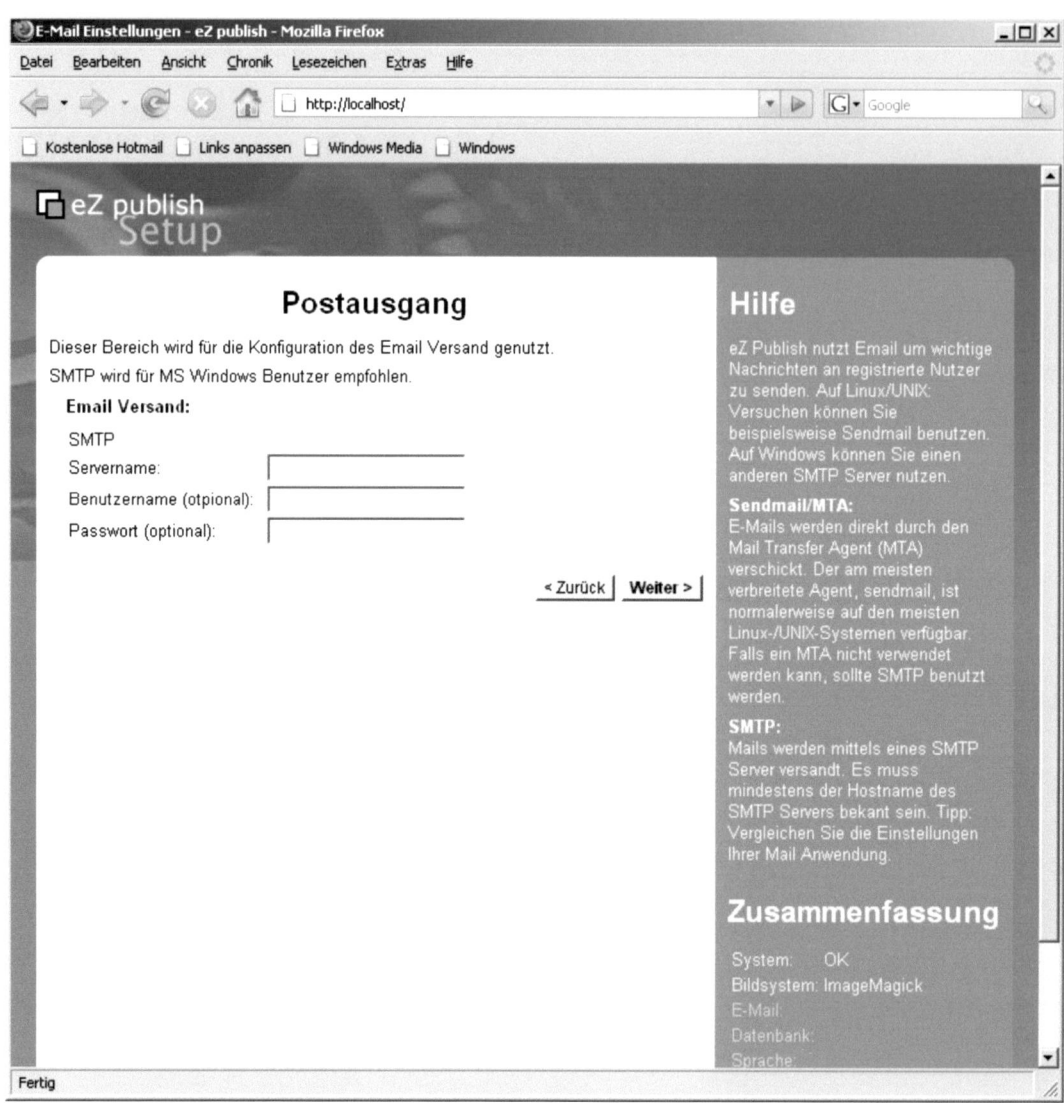

Abb.3.3.8 „eZ Publish-Installation Schritt 8 – Einstellungen für den Email Versand"

Hier muss zumindest ein SMTP-Servername angegeben werden.

Abb.3.3.9 „eZ Publish-Installation Schritt 9 – die zu verwendenden Sprachen auswählen"

Durch einen Klick auf einen Radiobutton wird die Standardsprache des Systems ausgewählt. Mit den Checkboxen können verschiedene Sprachen ausgewählt werden, die zur Erstellung von mehrsprachigem Content zur Verfügung stehen sollen.

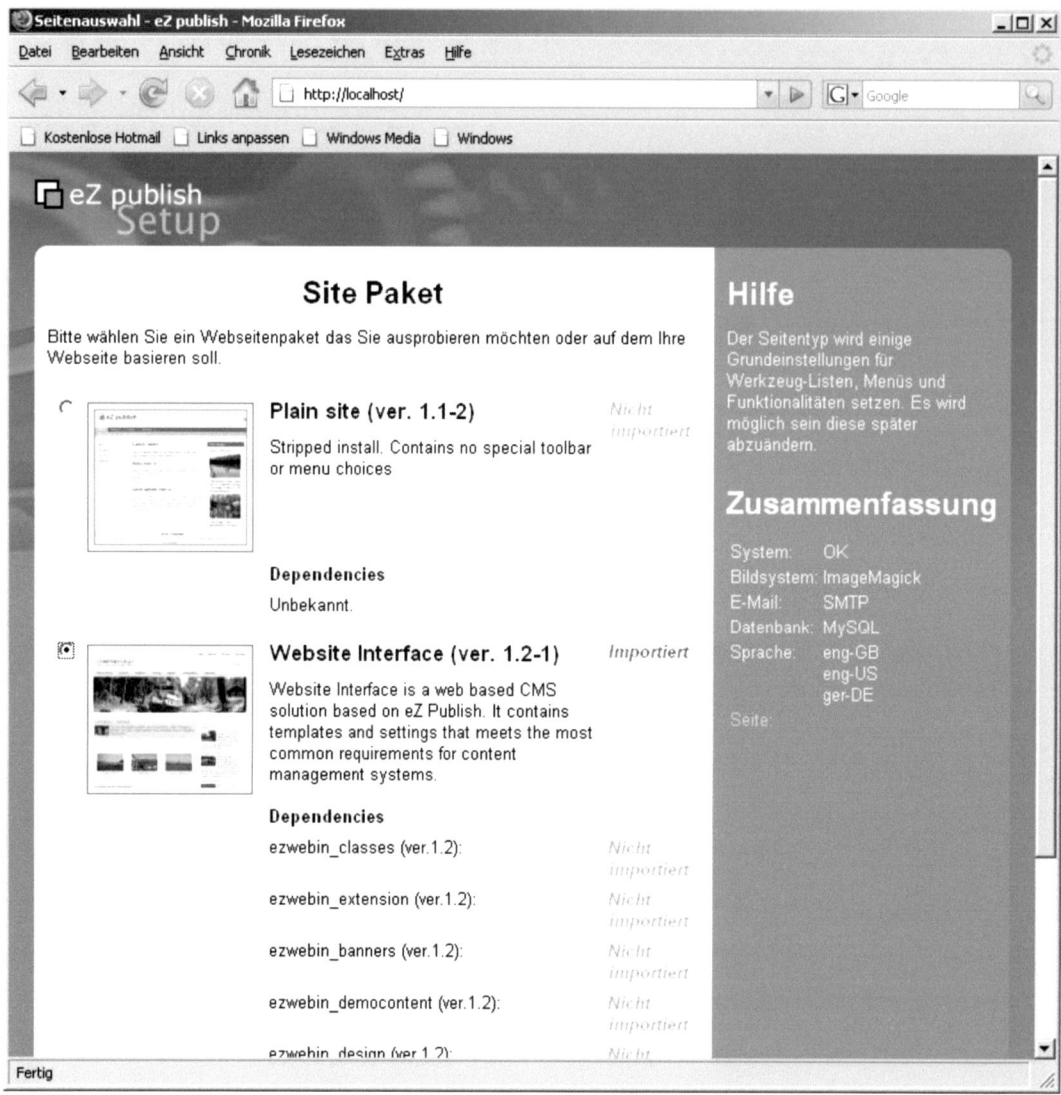

Abb.3.3.10 „eZ Publish-Installation Schritt 10 – Auswahl eines Site Pakets, das als Designvorlage dienen soll"

In diesem Schritt kann ein Webseitenpaket ausgewählt werden, auf dem die Webseite basieren soll. Diese Designvorlagen können als Grundlage verwendet und an eigene Bedürfnisse angepasst werden.

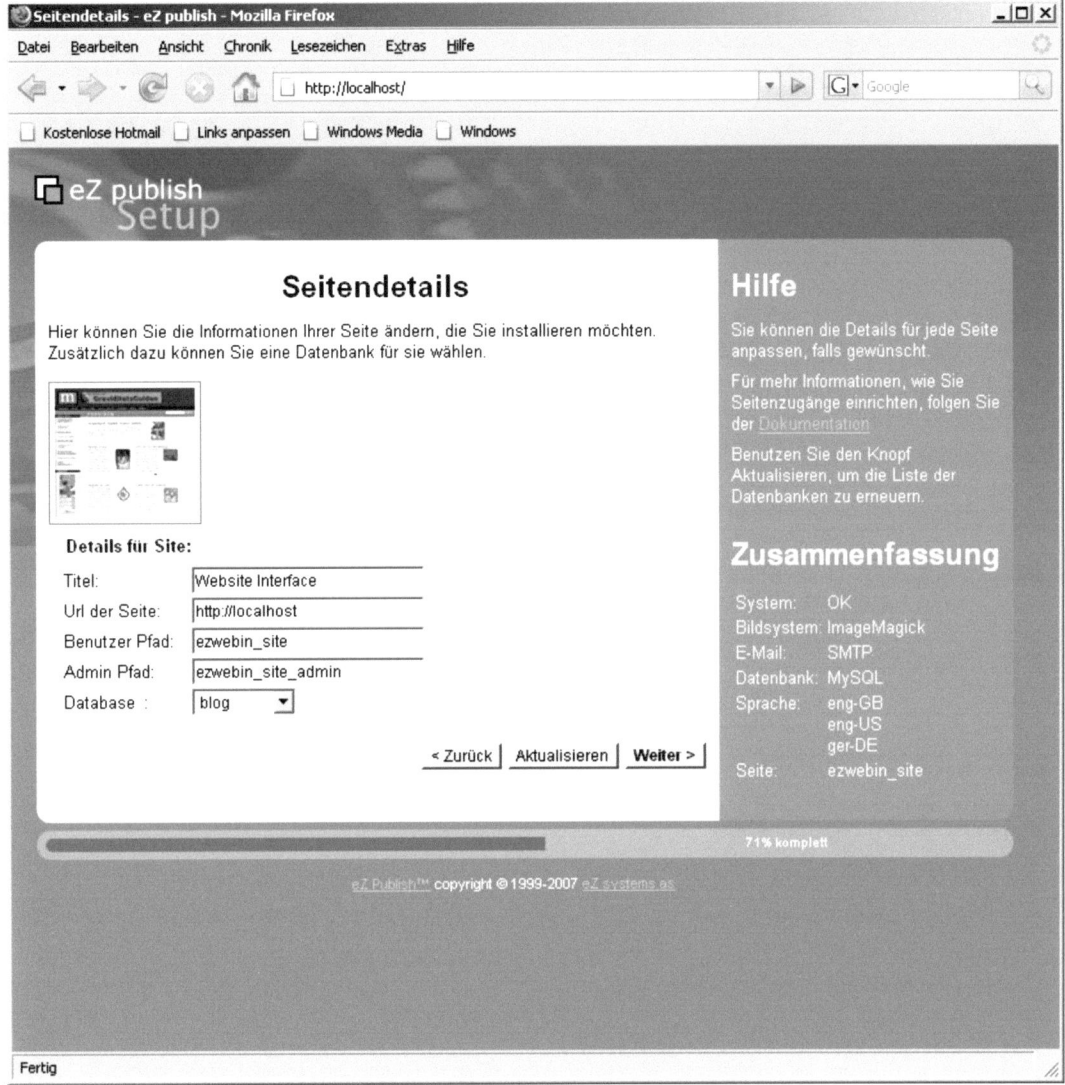

Abb.3.3.11 „eZ Publish-Installation Schritt 11 – Seitendetails angeben"

Hier können Einstellungen zum Titel der Webseite, zur URL der Webseite etc. gemacht und eine Datenbank ausgewählt werden.

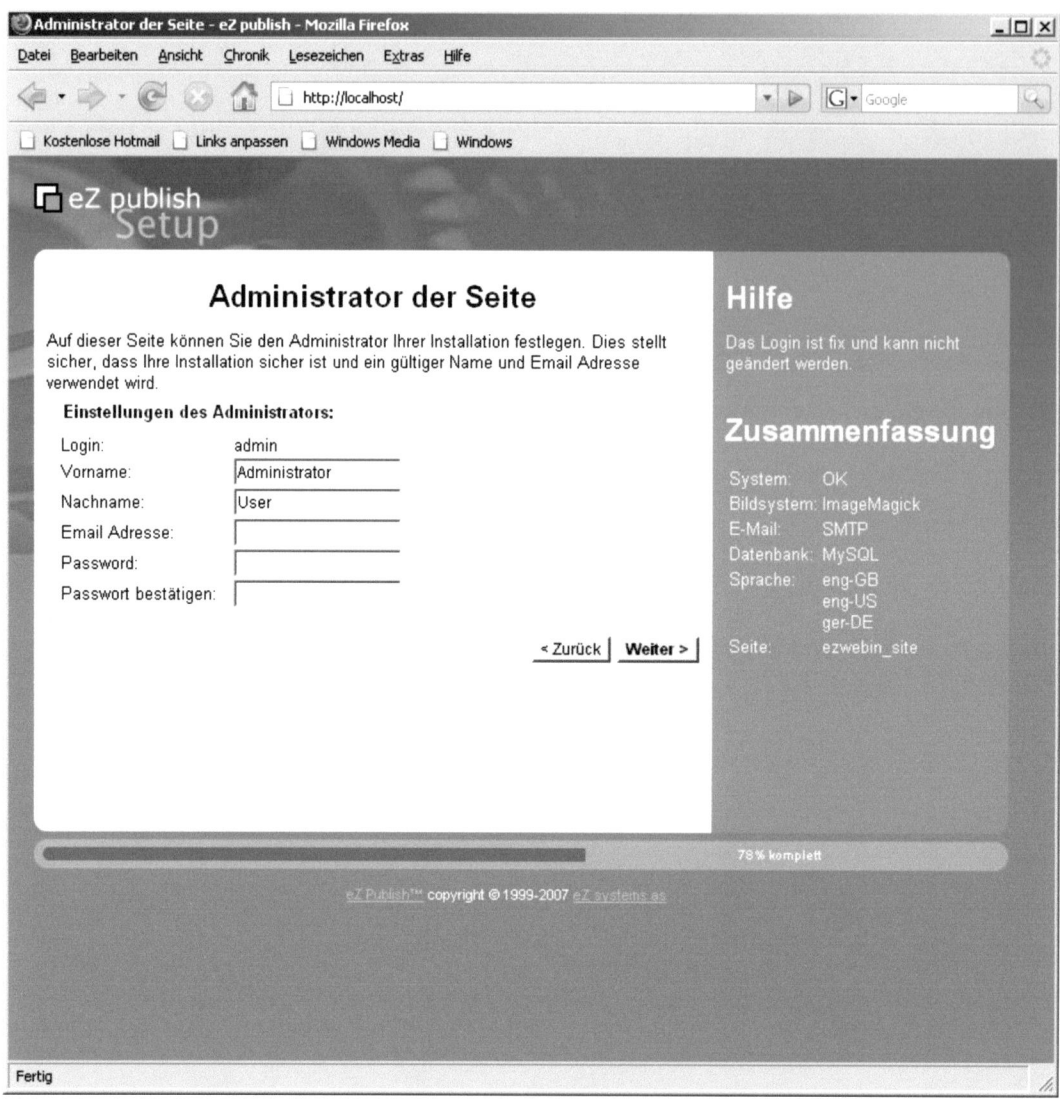

Abb.3.3.12 „eZ Publish-Installation Schritt 12 – Angaben zum Administrator"

Hier werden Angaben zum Administrator der Seite gemacht. Also Vor- und Nachname, eine Email Adresse und ein selbst gewähltes Passwort.

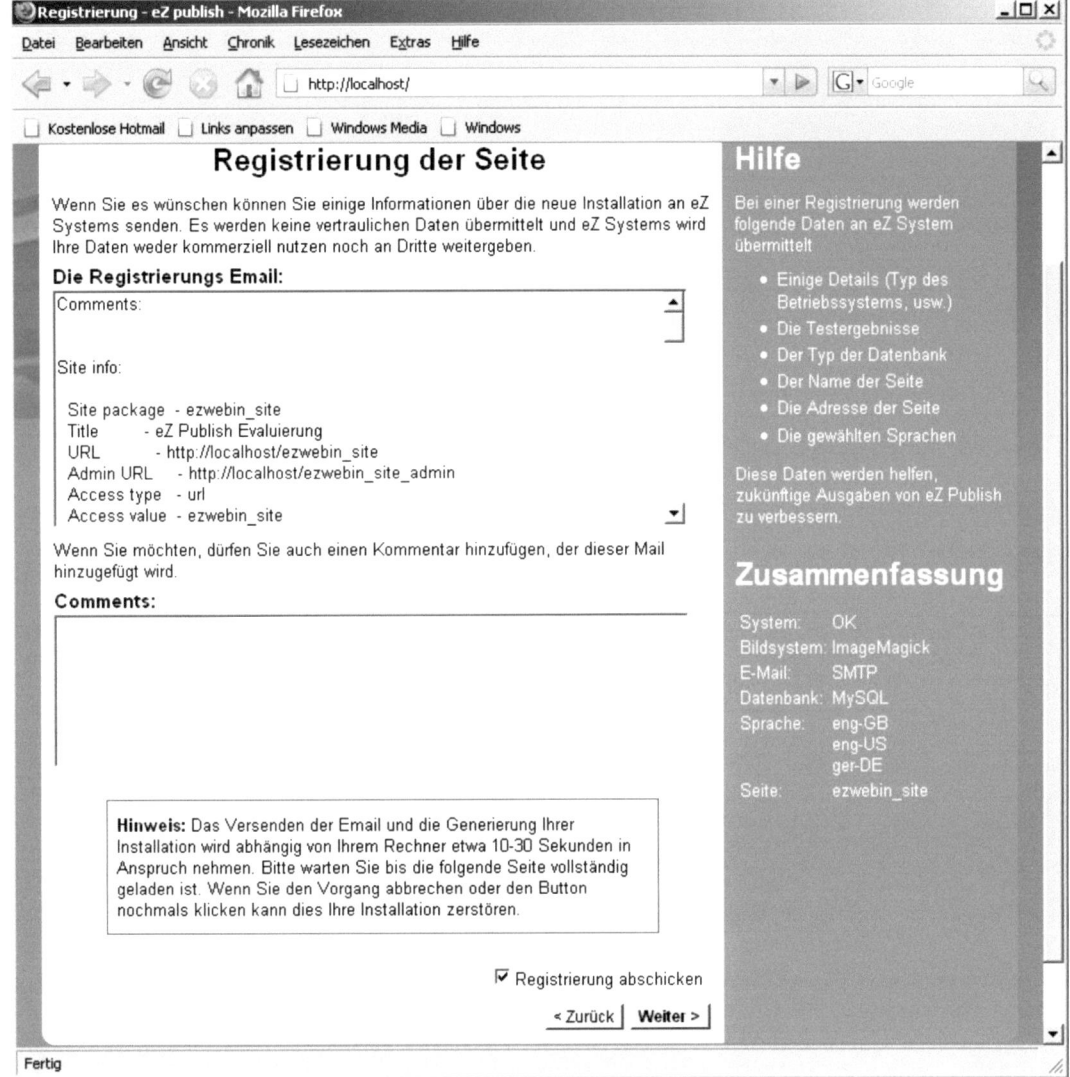

Abb.3.3.13 „eZ Publish-Installation Schritt 13 – Die Registrierung"

Hier kann nun die Registrierung der eZ Publish Version durchgeführt werden. Will man dies nicht, muss man das Häkchen bei „Registrierung abschicken" herausnehmen.

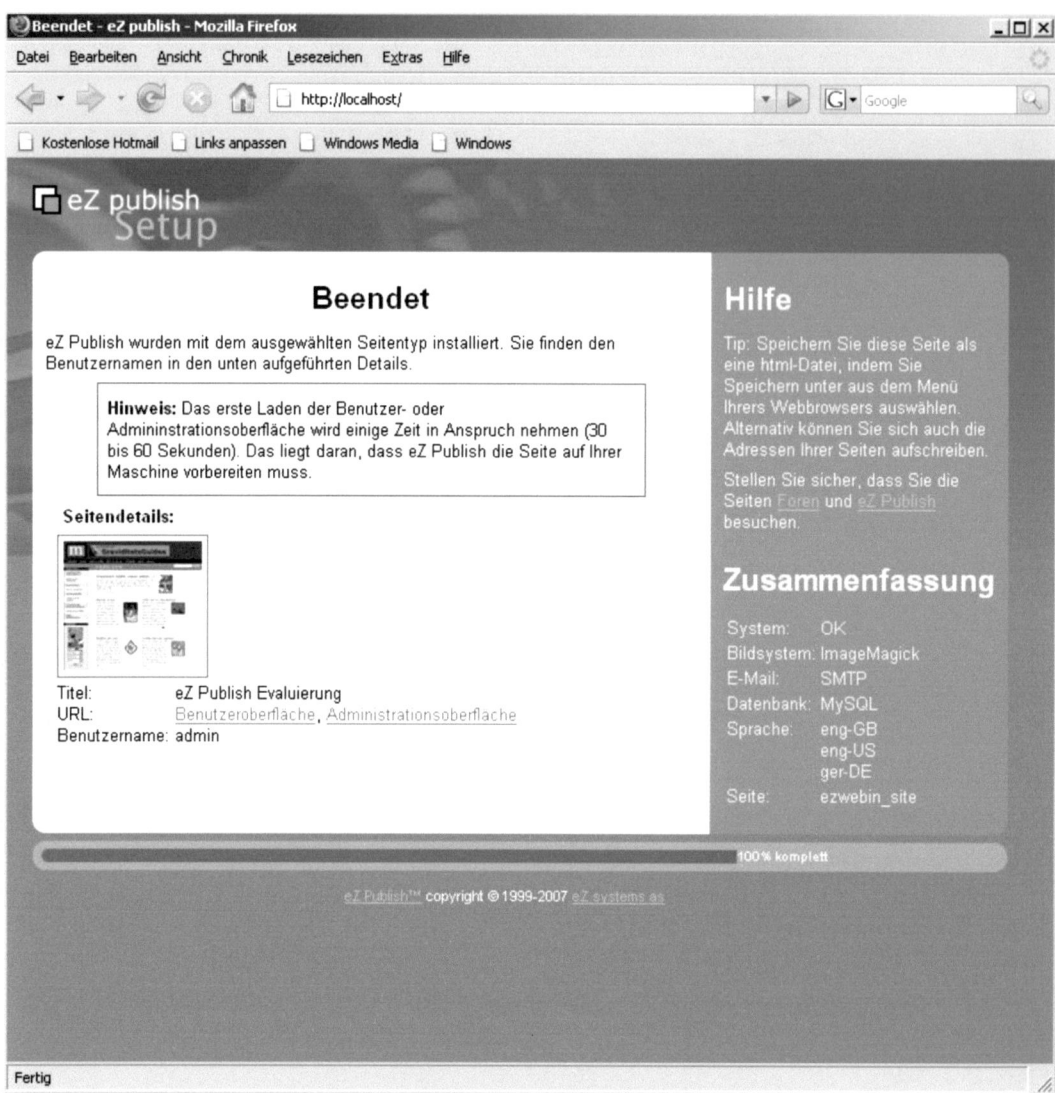

Abb.3.3.14 „eZ Publish-Installation Schritt 14 – Die Installation ist fertig"

Die Installation ist beendet. Auf der Seite findet man nun die beiden Links zur Benutzeroberfläche und zur Administratoroberfläche.

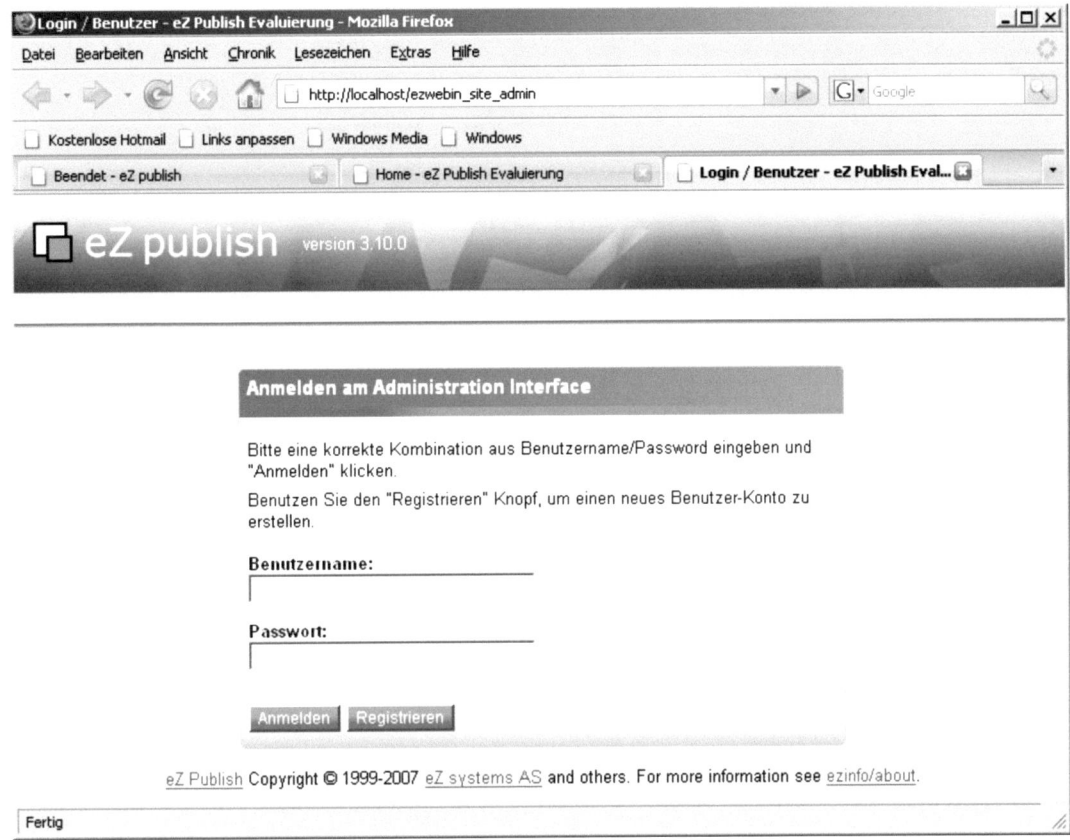

Abb.3.3.15 „eZ Publish Administratoroberfläche nach der Installation"

Nach dem Klick auf den Link „Administratoroberfläche" wird diese Seite geladen. Nach dem Anmelden gelangt man zum Administrations-Interface, mit welchem die gesamte Webseite verwaltet wird.

Abb.3.3.16 „eZ Publish Benutzeroberfläche nach der Installation mit der ausgewählten Design-vorlage"

Nach dem Klick auf den Link „Benutzeroberfläche" wird diese Seite geladen. Dies ist das Benutzer-Interface für die Benutzer, die sich die Inhalte der Webseite anschauen möchten.

4 Konzepte und Grundlagen

4.1 Der interne Aufbau von eZ Publish

eZ Publish selbst besteht laut [ez Publish Docs 2007] aus drei Teilen:

1. **Der Kernel** stellt den Kern des Systems dar. Dieser enthält alle Funktionen zur Handhabung der Inhalte (Content), des Workflows und der Versions- und Zugriffskontrolle. Grundsätzlich stellt der Kernel eine Sammlung von Mechanismen dar, die auf den Klassen-Bibliotheken aufbauen.

2. **Die Klassenbibliotheken** (Libraries) bilden den Hauptteil von eZ Publish. Sie sind wieder verwendbare PHP-Klassen. Sie stehen in keiner Abhängigkeit mit dem Kernel und können somit auch in anderen PHP-Anwendungen genutzt werden. Beispiele sind „ezpdf", „eztemplate" und „ezxml".

3. **Die Module** bzw. Extensions sind eine Sammlung von Funktionen, die eine Art Schnittstelle (Interface) zum Kernel darstellen. Jedes Modul besitzt bestimmte Funktionen für die Verwaltung und Ausführung verschiedener Aufgaben. Beispiele sind „content", „section", oder „map".

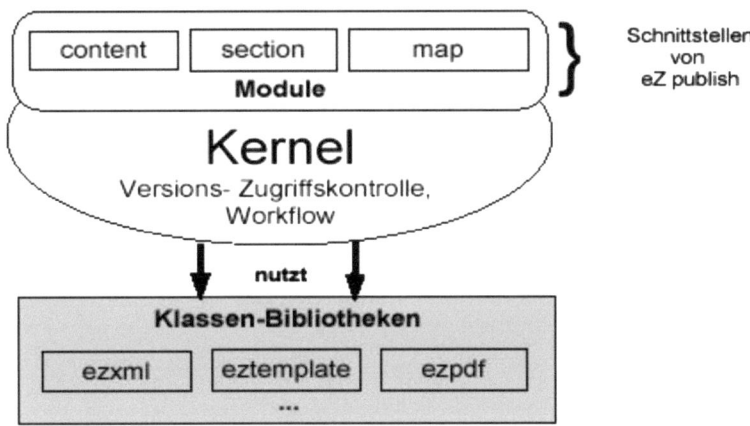

Abb.4.1.1 „Zusammenhang zwischen Kernel, Bibliotheken und Modulen",
[eZ Publish Docs 2007]

4.2 Die Verzeichnisstruktur von eZ Publish

Das Hauptverzeichnis ist unterteilt in mehrere Unterverzeichnisse

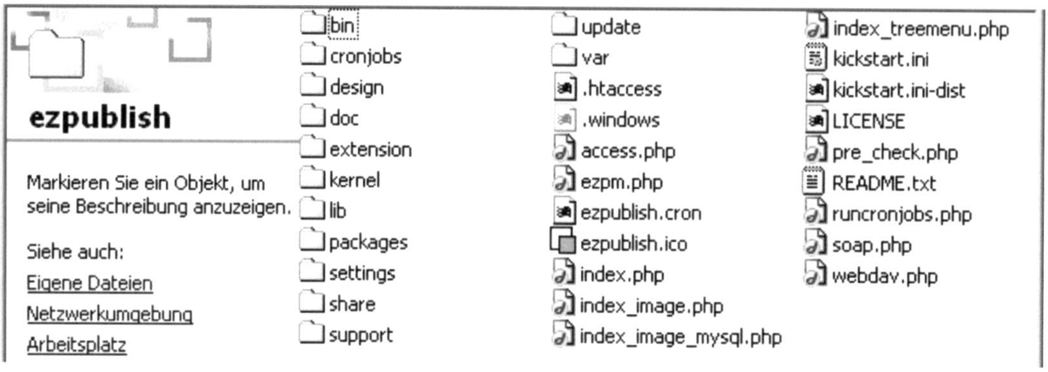

Abb.4.2.1 „Verzeichnisstruktur von eZ Publish", [eZ Publish Docs 2007]

Verzeichnis	Beschreibung
bin	Enthält verschiedene Perl- und Shell-Scripte. Diese dienen hauptsächlich Wartungszwecken.
cronjobs	Enthält alle PHP-Skripte, die von der „runcronjob.php" ausgeführt werden.
design	Hier sind alle Dateien enthalten, die etwas mit dem Design zu tun haben, z. B. Templates, Stylesheets, Schriften ...
doc	Hier befindet sich die Dokumentation von eZ Publish und Informationen über die Änderungen am System zur vorhergehenden Version (Change Logs).
extension	Hier befinden sich eigene Anpassungen am System, also eigene entwickelte Erweiterungen bzw. Module.

kernel	Hier befinden sich die Dateien des Kernels, also Klassen, Ansichten, Datentypen ...
lib	Hier befinden sich die Klassenbibliotheken, eine Sammlung von Klassen für verschiedene Aufgaben. Der Kernel greift auf diese Bibliotheken zu.
packages	Hier befinden sich Content- bzw. Layout-Erweiterungen.
settings	Hier befinden sich dynamische, seitenspezifische Konfigurationsdateien.
support	Hier befinden sich zusätzliche Programme, wie der Sprachentemplateparser ezlupdate.
update	Hier befinden sich alle Scripte, die bei einem Systemupdate benötigt werden.
share	Hier befinden sich statische Konfigurationsdateien, wie z. B. Zeichenumsetzungstabellen, ortsbezogene Informationen und Übersetzungen.
var	Hier befinden sich die Cache- (Zwischenspeicher) und Log-Dateien, seitenspezifische Bilder und Files.

Tabelle 4.2.1 Überblick über die Verzeichnisstruktur von eZ Publish, [eZ Publish.Docs 2007]

4.3 Die objektorientierte Strukturierung in eZ Publish

Laut [eZ Publish Docs 2007] kann der Webseiten-Administrator entweder vordefinierte Content-Strukturen verwenden oder seine eine eigene Content-Struktur definieren. Dadurch ist eZ Publish ein besonders flexibles System, und es ist sehr einfach, benutzerdefinierte Daten zu strukturieren, zu speichern, wieder zu finden und zu präsentieren.

Diese Möglichkeit der „personalisierten" Content-Strukturierung ist an die objektorientierte Denkweise[1] verschiedener Programmiersprachen wie Java oder C++ angelehnt.

Die Abbildung zeigt den Zusammenhang und die Beziehungen zwischen Content-Klasse, Content-Objekten, Attributen und Datentypen.

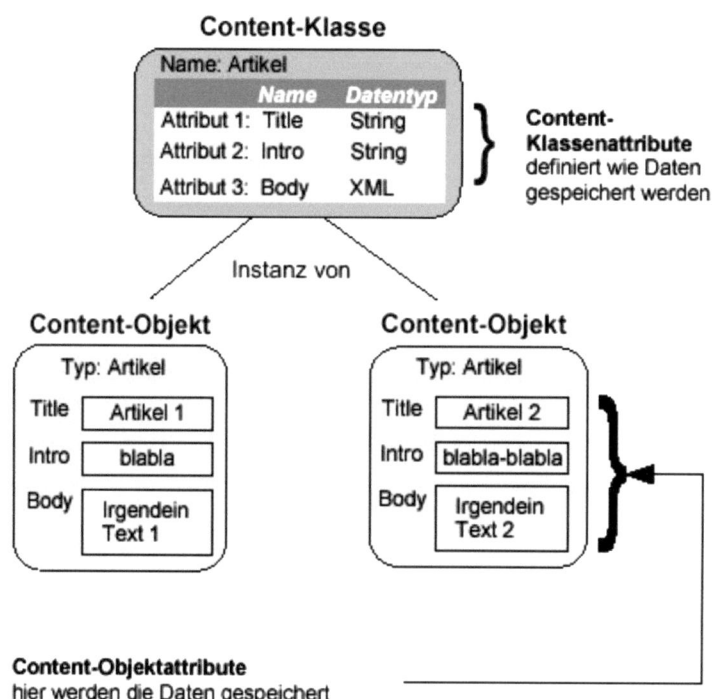

Abb.4.3.1 „Die Content-Klasse und zwei Content-Objekte", [eZ Publish Docs 2007]

- **Content-Klassen:** sind z.B. Ordner, Artikel, Bilder, Feedback-Formulare, etc., enthalten also eine bestimmte Datenstruktur, je nachdem was sie darstellen. In einer Content-Klasse selbst werden keine Daten gespeichert. Sie stellt nur eine Art Vorlage dar, deren Datenstruktur mit Merkmalen, so genannten Content-Klassenattributen wie z. B. Title, Intro, Body beschrieben wird. Jedes Content-Klassenattribut besitzt einen bestimmten Datentyp wie z. B. String, XML.

---

[1] Objektorientiert denken bedeutet, die Umwelt in Form von Objekten zu sehen z.B. in einem Zimmer stehen Stühle, ein Tisch, ein Bett und eine Lampe. An Hand bestimmter Merkmale können diese Objekte identifiziert und einer bestimmten Objektklasse zugeordnet werden.

- **Content-Objekt:** ist eine Instanz, also ein Kind, einer Content-Klasse, das die Merkmale, also die Klassenattribute wie Title, Intro, Body der Content-Klasse erbt. Die Content-Klasse legt also nur die Datenstruktur vor, im Content-Objekt können nun tatsächlich die Daten gespeichert werden. Es können mehrere Content-Objekte einer Content-Klasse existieren. Wenn man z. B. eine Content-Klasse zum Speichern von News-Artikeln festlegt, können mehrere Artikelseiten, also Content-Objekte, davon abgeleitet werden, welche die selben Attribute wie die Content-Klasse besitzen, aber im Gegensatz dazu nun Inhalte wie Text, Bilder, etc. aufnehmen können.

- **Datentyp:** bezeichnet laut [eZ Publish Docs 2007] die kleinste mögliche Speichereinheit. Durch den Datentyp wird festgelegt wie Information gespeichert, geprüft, formatiert etc. werden sollen. In eZ Publish gibt es sehr viele vordefinierte, grundlegende Datentypen wie z.B. „string", „XML text", „image" und „binary file". Sollten diese Datentypen nicht ausreichen, können eigene Datentypen mit Hilfe von PHP erstellt werden.

4.4 Die Content-Versionierung

In eZ Publish gibt es ein Versionierungssystem für Content-Objekte. Dadurch können die Daten eines Content-Objektes auch in mehreren Versionen existieren, wobei immer nur eine Version, und zwar die aktuellste Version, veröffentlicht sein kann. Da bei jeder Datenänderung eine neue Version angelegt wird, bleibt die alte Version unverändert erhalten. Dadurch ist es eZ Publish möglich, alle Änderungen, auch von unterschiedlichen Benutzern, aufzuzeichnen und ungewollte Änderungen rückgängig zu machen.

Bei häufiger Datenänderung würde die Datenbank natürlich schnell anwachsen. Der Webseiten-Administrator kann dies verhindern, indem er die maximale Anzahl an Versionen eines Objektes festlegt. Dies kann er auf Content-Klassenebene durchführen, wodurch diese Eigenschaft auf alle instanziierten Content-Objekte vererbt wird.

Das integrierte Versionierungssystem ist eine flexible und mächtige Funktionalität, die das Versionieren jeder Art von Content, d.h. auch von Bildern und binären Dateien, unabhängig vom Typ, von der Struktur und Größe ermöglicht.

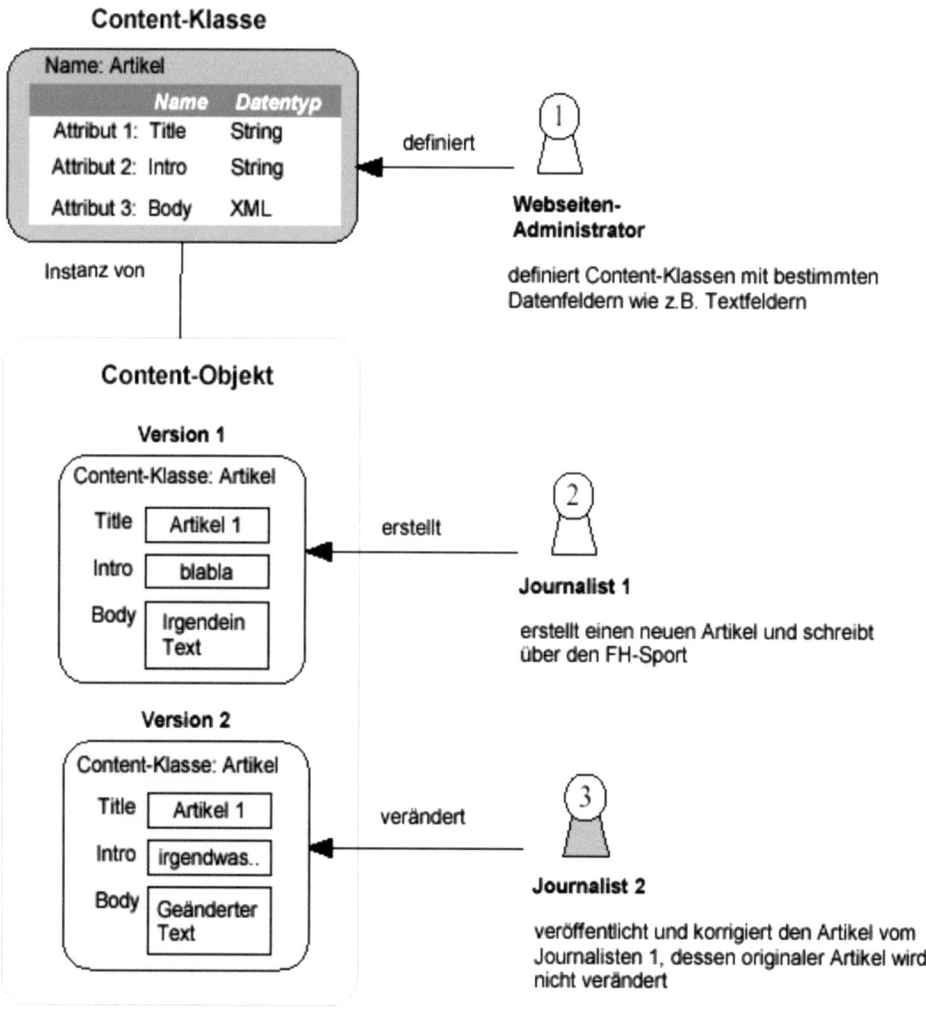

Abb.4.4.1 „Funktionsweise des Versionierungssystems von eZ Publish",
[eZ Publish Docs 2007]

4.5 Die Unterstützung mehrerer Sprachen

Laut [eZ Publish Docs 2007] unterstützt eZ Publish die Verwaltung jeder Art von
Content in mehreren Sprachen, das heißt, dass jedes Content-Objekt nicht nur in
mehreren Versionen, sondern auch in mehreren Sprachen existieren kann. Diese
Sprachverwaltung ist in das Versionierungssystem integriert. Die nachfolgende
Abbildung 4.5.1 zeigt wie die Sprachverwaltung in das Versionierungssystem inte-
griert ist.

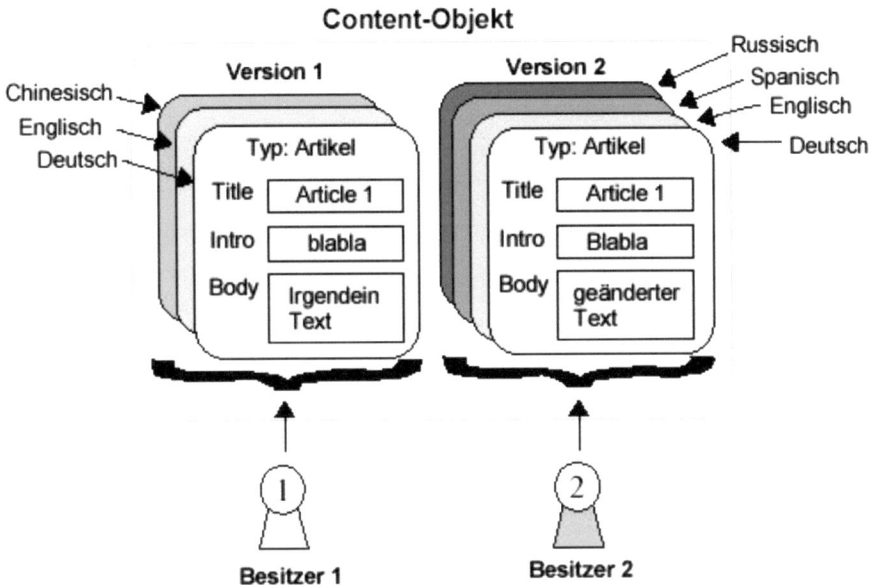

Abb.4.5.1 „Versionierung und Sprachverwaltung", [eZ Publish Docs 2007]

4.6 Content-Knoten und Content-Knotenbaum

Content-Objekte, also die Objekte, die die eigentlichen Daten enthalten, werden in eZ Publish mit Hilfe von Knoten (Nodes oder auch locations) und dem Content-Knotenbaum (Content Node Tree) strukturiert.

Ein Content-Knotenbaum besteht aus mehreren Knoten, mindestens aber aus dem Hauptknoten (root), und organisiert in einer hierarchischen Struktur, ähnlich dem Windows-Explorer, alle Content-Objekte, also den gesamten Content, eines eZ Publish Systems.

Ein Knoten ist ein Verweis, also nur ein Zeiger (Pointer) auf das eigentliche Content-Objekt.

Jeder Knoten, außer dem Hauptknoten, besitzt zwei Verweise. Einer zeigt auf den Eltern-Knoten und einer zeigt auf das Content-Objekt. Ein Knoten kann immer nur auf einen Eltern-Knoten und ein Content-Objekt zeigen. Es ist aber möglich, dass mehrere Knoten auf ein und dasselbe Content-Objekt zeigen. Das bedeutet, dass ein Content-Objekt an verschiedenen Orten im Content-Knotenbaum platziert sein kann.

Ein nicht veröffentlichtes Content-Objekt besitzt keinen Knoten im Content-Knotenbaum, genau so wenig wie archivierte Content-Objekte. Im Content-Knotenbaum befinden sich also nur Content-Objekte, die veröffentlicht wurden.

Die nachfolgende Abbildung 4.6.1 zeigt eine Beispielstruktur mit einem Content-Objekt (Object ID: 31), das an verschiedenen Orten (Node ID: 45 und Node ID: 47) im Content-Knotenbaum platziert ist.

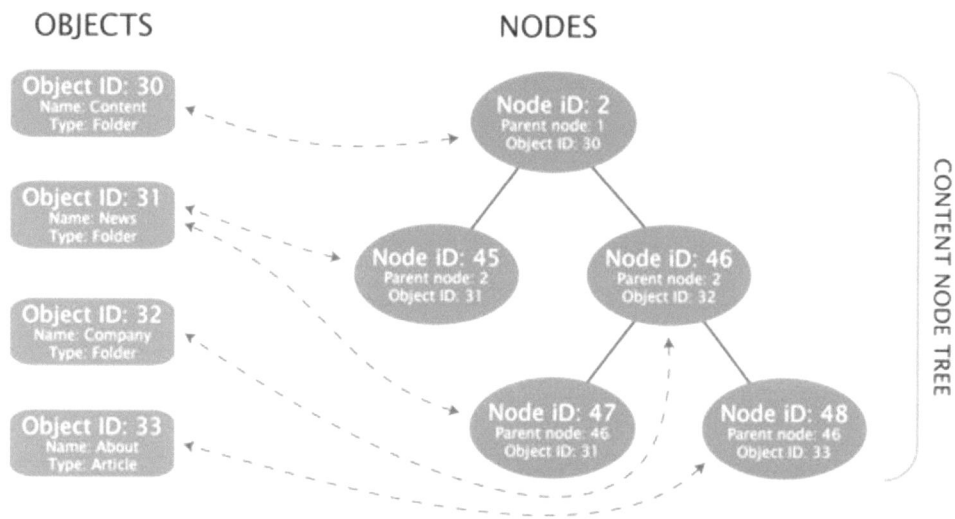

Abb.4.6.1 „Beispiel für eine Content-Strukturierung", [eZ Publish Docs 2007]

4.7 Sektionen

Zusätzlich zur hierarchischen Strukturierung, kann der Content-Knotenbaum auch in logische Sektionen zerlegt bzw. aufgeteilt werden.

Durch Sektionen wird es laut [eZ Publish Docs 2007] einfach,

- benutzerdefinierte Templates zu nutzen,
- den Content-Knotenbaum in mehrere Unterbäume, so genannte Sub-Trees, aufzuteilen,
- Benutzerzugriffe auf Content-Objekte zu kontrollieren bzw. zu erlauben.

Die Benutzung der Sektionen erfolgt auf Content-Objektebene. Jedes Content-Objekt kann nur einer Sektion angehören. Standardmäßig gehört ein Content-Objekt der Sektion „Standard" an. Weitere Sektionen, die mit einer Standardinstallation von eZ Publish vorhanden sind, sind:

- „Users",
- „Media" und
- „Setup".

Mit Hilfe des Administrations-Interfaces können Sektionen einfach hinzugefügt, verändert oder gelöscht werden. Dabei werden Sektionen den Knoten, also den

Verweisen auf Content-Objekte, zugeordnet. Immer wenn also einem Eltern-Knoten eine Sektion zugewiesen wird, erhalten alle darunter liegenden Knoten, also die Kind-Knoten, dieselbe Sektion zugewiesen. Wenn ein neues Content-Objekt erstellt wird, dann wird diesem die Sektion des Eltern-Knotens zugewiesen.

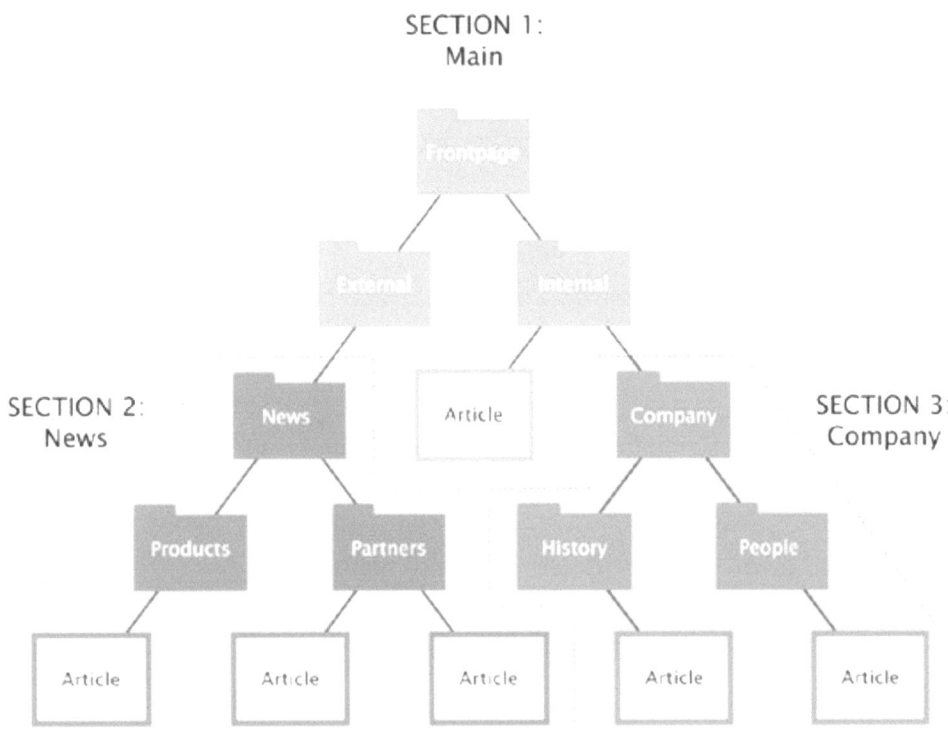

Abb.4.7.1 „Beispiel für eine Sektions-Strukturierung", [eZ Publish Docs 2007]

4.8 Site Management

Mit einer einzigen eZ Publish Installation können über das so genannte „Site Access System", Seitenzugangseinstellungen, mehrere verschiedene Sites genutzt werden.

Zu einer Site bzw. Website gehören

- Konfigurationseinstellungen,
- eine Datenbank, die die Content-Struktur und die aktuellen Content-Daten enthält,
- Dateien, die mit dem Content verknüpft sind, wie z.B. Grafiken, Text, etc. und
- Dateien, die zu einem Design gehören.

Mit Hilfe des „Site Access Systems" können verschiedene Konfigurationseinstellungen, die auf unterschiedlichen Regeln basieren, genutzt werden.

Das heißt, dass im Grunde nur eine Website existiert, diese aber, je nachdem, welcher Benutzer bzw. welche Benutzergruppe darauf zugreift, anders aussieht.

Das folgende Beispiel und die dazugehörige Abbildung 4.8.1 sollen die Funktionsweise des „Site Access Systems" verdeutlichen.

In eZ Publish gibt es standardmäßig zwei Site Accesses für die beiden Benutzergruppen:

- Für den Administrator, der die Site verwaltet, ein Administrations-Interface und
- für die Webseitenbesucher, die sich die Webseite anschauen, ein Benutzer-Interface.

Beide Interfaces nutzen dieselbe Datenbank und denselben Inhalt, trotzdem bekommen sie ein unterschiedliches Bild von der Webseite.

Der Administrator sieht die Webseite im Administrator-Design, die Besucher in einem ganz anderen, individuellen Webdesign.

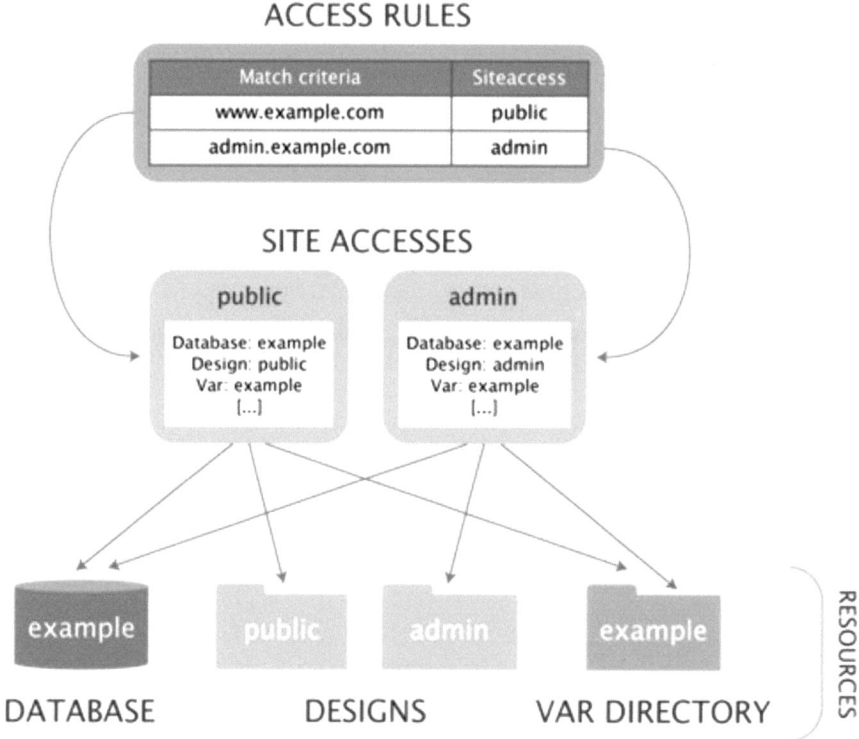

Abb.4.8.1 „Beispiel für zwei Site Accesses", [eZ Publish Docs 2007]

4.9 Module und Views

Ein Modul stellt ein HTTP-Interface zur Verfügung und enthält ein Set von verschiedenen Ansichten (views).

Die am meisten genutzten Module in eZ Publish sind laut [eZ Publish Docs 2007]

Modul	Beschreibung
Content – Inhalt	enthält Interfaces zum Anzeigen, Bearbeiten, Suchen und Übersetzen von Inhalten.
Users – Benutzer	enthält Interfaces für das Benutzer-Management, also das Ein- und Ausloggen, Registrieren, Aktivieren etc. von Benutzern.
Roles - Rollen	Enthält Interfaces für das Zugriffskontrollsystem. Mit diesem Modul ist es möglich Rollen und Policies[2] anzulegen, zu verändern und zu löschen. Weiters kann man diese Rollen Benutzern bzw. Benutzergruppen zuweisen.

Tabelle 4.9.1 Überblick über die wichtigsten Module von eZ Publish, [eZ Publish.Docs 2007]

Eine Ansicht (view) ist ein Interface eines Moduls. Das „content"-Modul enthält z. B. Ansichten zum Anzeigen, Editieren, Suchen und Übersetzen von Inhalten.

4.10 URLs in eZ Publish

4.10.1 System URLs

Die System-URL ist die unbearbeitete URL. Diese enthält laut [eZ Publish Docs 2007] verschiedene Informationen darüber, welche Module gestartet und welche Sicht gezeigt werden soll. Es können auch noch zusätzliche Parameter übergeben werden.

Eine System-URL sieht z. B. wie folgt aus:

http://www.example.com/index.php/content/edit/13/3

---

[2] Policies sind Sicherheitsrichtlinien, mit denen festgehalten wird, was erlaubt ist und was nicht.

Das bedeutet, dass das Modul „content" gestartet und die Ansicht „edit" gezeigt werden sollen. Zusätzlich werden noch Parameter übergeben.

4.10.2 Virtuelle URLs

Eine Virtuelle-URL ist eine vereinfachte Form einer System-URL. Diese ist schöner, einfacher und meistens auch kürzer als die entsprechende System-URL.

Eine Virtuelle-URL wird häufig auch als „URL-Alias" bezeichnet:

http://www.example.com/company/about

Bei System-URLs kann genau nachvollzogen werden, was eZ Publish tun soll, bei Virtuellen URLs wird dies verborgen.

Virtuelle-URLs werden vom eZ publish teilweise automatisch erstellt, es ist aber auch möglich mit Hilfe des Administrations-Interfaces selbst Virtuelle-URLs einzurichten. Seit der eZ Publish Version 3.10 wird auch die Mehrsprachigkeit in Virtuellen-URLs unterstützt.

4.11 Designs

Wenn man von einem Design spricht, meint man damit alles, was das Aussehen einer HTML-Seite ausmacht:

- CSS-Dateien,
- Bilder (Images),
- Schriften (Fonts) und
- Templates

Wie schon im Kapitel „Site Management" beschrieben, kann mit Hilfe des Site Access Systems festgelegt werden, welches Design für welche Benutzergruppe angezeigt werden soll.

In eZ Publish gibt es mindestens zwei Default-Designs

- „admin" für die Darstellung des Administrations-Interfaces und
- „standard" für das Default-Design der Webseitenoberfläche

Diese beiden Designs sollten laut [eZ Publish Docs 2007] nicht verändert werden. Will man eigene Designs erstellen, sollte man ein Unterverzeichnis im Ordner „./design" erstellen. Laut [eZ Publish Docs 2007] ist es am sinnvollsten die Ordner nach dem Design zu benennen, also z. B. „news" für das Design, das für die Newsseite verwendet wird.

Jeder „Design-Ordner" enthält folgende Unterverzeichnisse:

Unterverzeichnis	Beschreibung
fonts – Schriften	also die für das Design notwendigen Schriften.
images – Bilder	die Bilder, die verwendet werden sollen
Override	alternative Templates, die anstelle der Default-Templates verwendet werden sollen.
Stylesheets	CSS-Dateien
templates	Die Haupttemplates und die benutzerdefinierten Templates

Tabelle 4.11.1 Überblick über die wichtigsten Module von eZ Publish, [eZ Publish.Docs 2007]

Laut [eZ Publish Docs 2007] können auch Design-Kombinationen genutzt werden, das heißt es kann

- ein Hauptdesign,
- keines oder mehrere Zusatzdesigns und
- ein Standarddesign geben.

Es sollte aber mindestens ein Hauptdesign und ein Standarddesign vorhanden sein, denn sollte eZ Publish das Hauptdesign nicht finden, sucht es laut [eZ Publish Docs 2007] nach einem Zusatzdesign, und ist auch dieses nicht vorhanden, sucht es das Standarddesign. Diesen Vorgang bezeichnet man als „automatic fallback", also automatisches Zurückfallen.

4.12 Zugriffskontrolle

In eZ Publish gibt es ein Zugriffskontrollsystem, mit welchem es möglich ist, den Zugriff auf Inhalte oder spezielle Funktionen einzuschränken.

Das Zugriffskontrollsystem basiert laut [eZ Publish Docs 2007] auf folgenden Elementen:

- Benutzer (User), Benutzergruppen (User Groups),

- Sicherheitsrichtlinien (Policies) und
- Rollen (Roles).

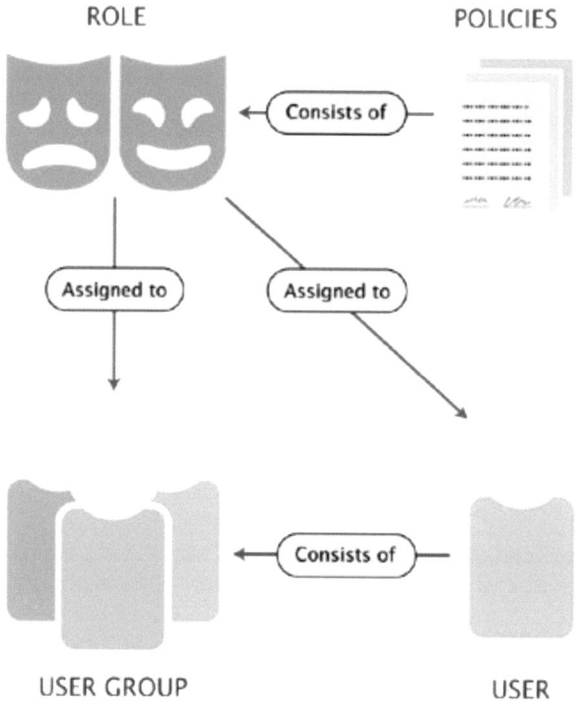

**Abb.4.12.1 „Zusammenhang zwischen Benutzern, Rollen und Sicherheitsrichtlinien",
[eZ Publish Docs 2007]**

- **Benutzer-Account:** enthält Informationen über einen speziellen Benutzer wie Vorname, Nachname, Email, Benutzername und Passwort.

- **Benutzergruppe:** ist eine Sammlung von Benutzern.

- **Policy:** ist eine Sicherheitsrichtlinie, die den Zugriff auf Funktionen eines Moduls regelt.

- **Rolle:** ist eine Sammlung von Sicherheitsrichtlinien mit einem Namen, die einem Benutzer oder Benutzergruppen zugeordnet werden kann.

4.13 Webshop

In eZ Publish ist bereits ein Webshop-System, mit typischen Funktionalitäten wie

- einer Produktanzeige,

- einer Wunschliste,

- Preisnachlassmöglichkeiten,

- einem Einkaufswagen,

- einem Bestellformular etc. integriert

4.14 Workflows

In eZ Publish gibt es bereits ein integriertes Workflow-System, welches laut [eZ Publish Docs 2007] mit und ohne Benutzerinteraktion ausgeführt werden kann.

- Mit Benutzeraktionen (Benutzer startet den Workflow) oder
- ohne Benutzeraktionen (Trigger startet den Worflow)

Das Workflow-System besteht aus:

- Events (Ereignissen),
- Workflows,
- Workflow Groups und
- Trigger.

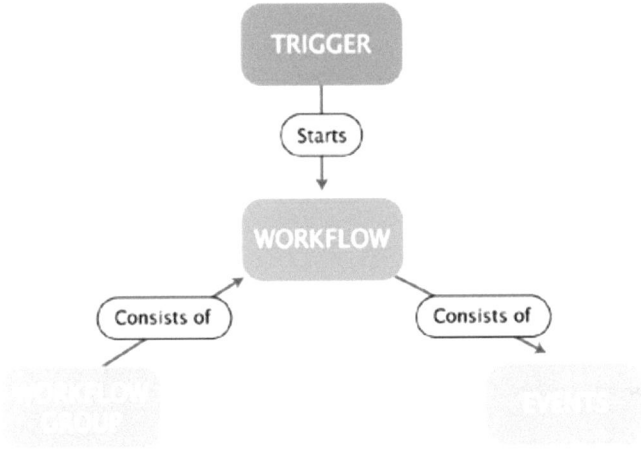

Abb.4.14.1 „Workflow-Ablauf in eZ Publish", [eZ Publish Docs 2007]

Ein Event: ist die kleinste Einheit eines Workflows und führt eine bestimmte Aufgabe aus, wie z. B., dass ein Inhalt noch von einem Benutzer überprüft wird, bevor er veröffentlicht wird; dafür verantwortlich ist der so genannte „Approve-Event".

Ein Workflow: ist eine Sammlung von Events, das heißt, wenn ein Workflow abläuft, werden mehrere Events in einer vorher festgelegten Reihenfolge ausgeführt.

Eine Workflow Group: ist wiederum eine Sammlung von Workflows.

Der Trigger: ist der Initiator für einen Workflow, also derjenige, der einen Workflow startet. Für den „Approve-Event" wäre dies der „content/publish/before-Trigger".

5 Templates

5.1 Grundlagen

Bei eZ Publish besitzen Templates immer die Dateiendung „.tpl". Diese Templates enthalten neben Standard HTML-Code auch eZ Publish spezifischen Code, der in geschwungenen Klammern eingeschlossen werden muss.

Beispiel: { currentdate } gibt die aktuelle Systemzeit aus.

Das Haupttemplate in eZ Publish heißt „pagelayout.tpl" und enthält

- HTML-,
- HEAD- und
- BODY-Tag.

Es ist für die visuelle Struktur einer jeden vom System generierten HTML-Seite verantwortlich, das heißt für das Hauptlayout der Seite mit der Navigation, dem Logo, der Fußzeile etc.

Wenn eine HTTP-Anfrage (HTTP request) an eZ Publish gestellt wird, wird ein bestimmtes Modul mit einer zugehörigen Ansicht (view) ausgeführt, welche dann ein Ergebnis, eine HTTP-Antwort, generiert. Die HTTP-Antwort (HTTP reply) ist dann eine entsprechende HTML-Seite mit den angeforderten Inhalten.

Folgende Abbildung 5.1.1 zeigt diesen beispielhaften Ablauf:

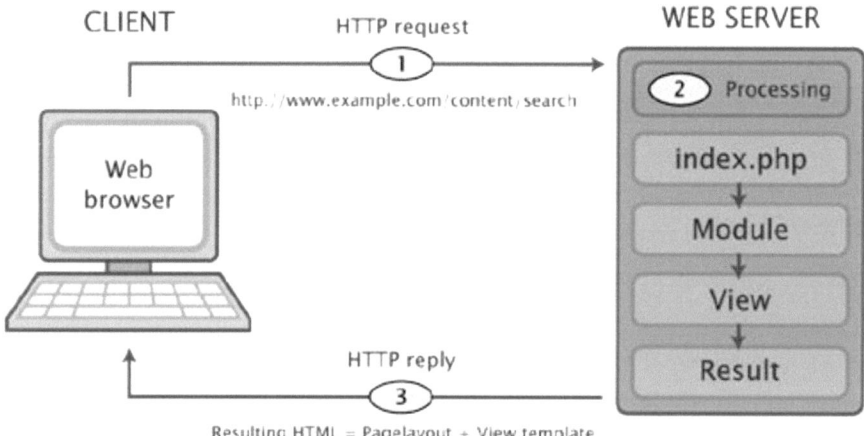

**Abb.5.1.1 „Ablauf wie eZ Publish auf eine HTTP-Anfrage (HTTP request) reagiert",
[eZ Publish Docs 2007]**

Jede Ansicht generiert laut [eZ Publish Docs 2007] HTML-Code, indem sie auf ein Template zugreift. Solche Templates werden als view-Templates bezeichnet.

Dabei unterscheidet man zwischen Knoten-Templates (node templates) und System Templates (system template).

Ein Knoten-Template wird z. B. verwendet, wenn eine System-URL aufgerufen wird, die in der Webadresse „/content/view/" enthält, wie http://www.example.com/content/search.

Ein System-Template dagegen stellt ein HTML-Interface für ein bestimmtes eZ Publish Feature zur Verfügung, z. B. verwendet die „search" Ansicht des „content-Modules" ein Template, welches das Interface für die in eZ Publish integrierte Suchmaschine aufruft.

5.2 Die Template-Sprache

Wie schon im Kapitel Grundlagen beschrieben, enthalten Templates neben Standard HTML-Code auch eZ Publish spezifischen Code, der in geschwungenen Klammern eingeschlossen werden muss. Jeder Code, der in geschweiften Klammern einge-schlossen ist, wird laut [eZ Publish Docs 2007] vom Template-Interpreter übersetzt, alles außerhalb wird ignoriert und unverändert an den Browser geschickt.

In den nachfolgenden Unterkapiteln wird eine kurze Übersicht über die Template-Sprache in eZ Publish gegeben.

5.2.1 Kommentar

Man unterscheidet zwischen einem einzeiligen Kommentar und mehrzeiligem Kommentar:

{* einzeiliger Kommentar *} und

{* mehrzeiliger Kommentar

   über mehrere Zeilen

    in einem Template. *}

5.2.2 Variablentypen

Laut [eZ Publish Docs 2007] werden folgende Typen unterstützt:

- Numbers – Zahlen wie z. B. {12}, {3.14}, {-1000}, {-12.4}

- Strings – Zeichen wie z. B. {' Das ist ein String.'} oder {" Das ist auch ein String."}

- Booleans – Wahr/Falsch, Ja/Nein wie z. B. { true() }, {false() }

- Arrays – Container wie z. B. {array(2, 4, 8, 16)} oder {array('Das', 'ist', 'ein', 'Test')}

- Objects – Objekte dienen zum Speichern und Repräsentieren von Informationen in Form von Objektattributen wie z. B. das „ezdate-Objekt". Dieses enthält Informationen über das Datum wie Jahr, Monat, Tag, etc. In eZ Publish gibt es sehr viele vordefinierte Objekte.

5.2.3 Benutzung von Variablen

In diesem Abschnitt folgen einige wichtige Hinweise zum Umgang mit Variablen:

- Um Variablen benutzen bzw. auf diese zugreifen zu können, muss vor eine Variable das Dollarzeichen ($) geschrieben werden, z. B. $my_Variable.

- Variablen sind case-sensitiv, das heißt $my_Variable ist nicht dasselbe wie $MY_Variable.

- Variablen müssen vor der Benutzung deklariert werden. Dazu dient die „def-Funktion" z. B. {def $temperature=32}. „Def" ist die Abkürzung für Definition.

- Um eine Variable zu zerstören, wird die „undef-Funktion" verwendet.

- Um den Inhalt einer Variablen zu ändern, wird die „set-Funktion" verwendet.

  Z. B. wird der Inhalt der Variablen weather von warm {def $weather='warm'} auf kalt verändert {set $weather='cold'}.

- Um auf den Inhalt eines Arrays zuzugreifen, geht man folgendermaßen vor:

  {def $sentence=array('Ich', 'bin', 'glücklich!')}

  Das Wort „Ich" erhält man mit: {$sentence.0}

  Das Wort „bin" erhält man mit: {$sentence.1}

  Das Wort „glücklich" erhält man mit: {$sentence[2]}

- Um auf Objektattribute zugreifen zu können, geht man folgendermaßen vor:

  Geht man davon aus, dass ein Objekt einen Namen hat, erhält man diesen mit dem Befehl {$node.object.name}

5.2.4 Kontrollstrukturen

In der eZ Publish Template Sprache sind auch die verschiedenen Kontrollstrukturen wie Schleifen, Wenn-Dann Bedingungen, etc. enthalten, wie man sie aus Programmiersprachen kennt.

- IF-THEN-ELSE
- SWITCH
- WHILE
- DO...WHILE
- FOR
- FOREACH

5.2.5 Funktionen und Operatoren

EZ Publish stellt auch verschiedene Template-Funktionen zum Bewältigen von unterschiedlichen Aufgaben zur Verfügung.

An eine Funktion werden im Normalfall Parameter übergeben, die Funktion führt dann eine Aufgabe aus und liefert ein Ergebnis zurück. Es gibt aber auch Funktionen, an die keine Parameter übergeben werden.

Der Funktionsaufruf erfolgt folgendermaßen:

{Funktionsname Parameter1=Wert1 Parameter2=Wert2 ...}

Des Weiteren gibt es so genannte Template-Operatoren. An diese werden auch Parameter übergeben, sie führen dann ebenfalls wie die Funktionen Aufgaben aus und liefern ein Ergebnis zurück. Auch hier stellt eZ Publish bereits sehr viele vordefinierte Operatoren zur Verfügung.

Der Aufruf erfolgt folgendermaßen:

{$input_Parameter|Operator_Name(Parameter1, Parameter2 ...)}

5.2.6 Templates in eine Seite einbinden

Um ein Template in einer Seite einzubinden, nutzt man die „inclusion-Funktion".

Beispiel: {include uri='design:footer.tpl'}

Damit wird das Template „footer.tpl", das sich im Template-Verzeichnis im Ordner design befindet, in der Seite eingebunden.

5.3 Das Template-Override-System

Laut [eZ Publish Docs 2007] ist es durch das Template-Override-System möglich, dass beim Eintreten bestimmter Bedingungen anstelle der festgelegten Default-Templates die so genannten Template-Overrides zum Anzeigen der Webseite verwendet werden. Damit ein Override-Template, auch alternatives Template genannt, verwendet wird, müssen bestimmte Bedingungen erfüllt sein.

Template-Overrides werden typischerweise verwendet, um unterschiedliche Knoten auf unterschiedliche Weise darzustellen, z. B. sollen die Produktseiten bei Firmen anders präsentiert werden als bei Privatpersonen.

Damit ein Override-Template anstelle des Default-Templates für eine Webseite verwendet wird, müssen in der Datei „override.ini.append.php" unter „/settings/siteaccess/sitename" bestimmte Einstellungen durchgeführt werden. Wie schon im Kapitel „Site Management" beschrieben, können unter eZ Publish mehrere verschiedene Websites durch das Site Access System angelegt werden. Für jede Webseite existiert eine eigene Datei „override.ini.append.php". Diese Datei besteht aus Override-Blöcken. Ein Block wiederum besteht aus einem Set von Regeln, die festlegen, unter welchen Bedingungen ein alternatives Template verwendet werden muss.

Jeder Block muss laut [eZ Publish Docs 2007] die folgenden Informationen enthalten:

- Einen eindeutigen Namen,
- die Pfadangabe zum Default-Template,
- das alternative Template, das stattdessen verwendet werden soll,
- der Ort, wo dieses zu finden ist,
- ein Set von Bedingungen, die erfüllt sein müssen, damit das alternative Template verwendet wird. (Wenn keine Bedingungen festgelegt werden, wird anstelle des Default-Templates immer das alternative Template ausgeführt)

Die Funktionsweise soll an einem Beispiel aus [eZ Publish Docs 2007] gezeigt werden:

Geht man davon aus, dass man für Benutzer eines Webshops eine personalisierte Seite „My Site" anlegen möchte, auf welcher Produkte und News anders angezeigt werden wie im gesamten Webshop, dann könnte ein zugehöriger Content-Baum folgendermaßen aussehen:

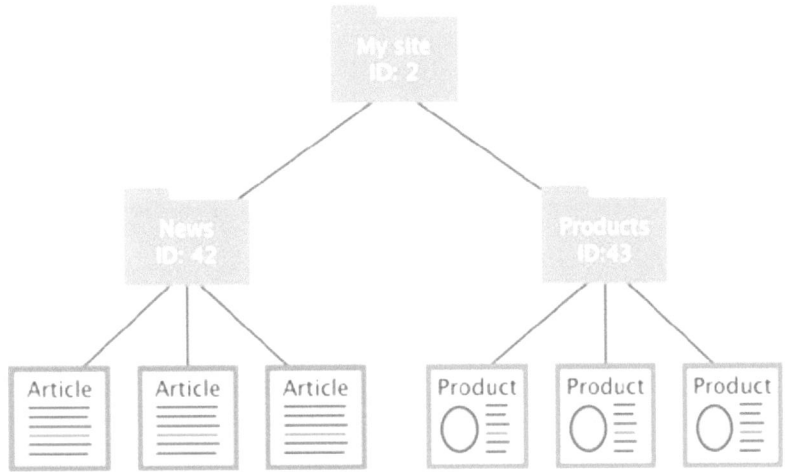

Abb.5.3.1 „Content-Baum für personalisierte Webseite", [eZ Publish Docs 2007]

In diesem Falle würde man vier alternative Templates benötigen:

- Ein Template „my_welcome.tpl" zum Anzeigen einer Willkommensseite auf „My Site",

- ein Template „my_folder.tpl" für den Zugriff auf einen Ordner (Folder) News oder Products,

- ein Template „my_product.tpl" zum Anzeigen der Artikel und

- ein Template „my_article.tpl" zum Anzeigen der Produkte.

Diese Templates müssen immer in einem Unterverzeichnis des „design"-Ordners im Ordner „override/templates" abgelegt werden. Hätte man z. B. im Ordner „design" einen Ordner „examples" (normalerweise würde man diesen Ordner nach der Webseite benennen, damit man weiß, zu welcher Webseite die darin enthaltenen Templates gehören) angelegt, der die Templates zum Anzeigen der Webshop-Seite enthält, würde die Verzeichnisstruktur folgendermaßen aussehen:

Abb.5.3.2 „Verzeichnisstruktur des Beispiels", [eZ Publish Docs 2007]

Die dazugehörigen Override-Blöcke in der „override.ini.append.php"-Datei, die definiert werden müssen, könnten folgendermaßen aussehen:

43

Override für die Willkommensseite

[welcome_page] – *Name für das Override*

Source=node/view/full.tpl – *Pfad zum Default-Template*

MatchFile=my_welcome.tpl – *Name des alternativen Templates*

Subdir=templates – *Ort, wo das alternative Template zu finden ist*

Match[node]=2 – *Bedingung, die erfüllt sein muss → hier Übereinstimmung mit ID*

Override für die Ordner (Folders)

[my_folder] – *Name für das Override*

Source=node/view/full.tpl – *Pfad zum Default-Template*

MatchFile=my_folder.tpl – *Name des alternativen Templates*

Subdir=templates – *Ort, wo das alternative Template zu finden ist*

Match[class_identifier]=folder – *Bedingung, die erfüllt sein muss*

Override für die Artikel

[news_articles] – *Name für das Override*

Source=node/view/full.tpl – *Pfad zum Default-Template*

MatchFile=my_article.tpl – *Name des alternativen Templates*

Subdir=templates – *Ort, wo das alternative Template zu finden ist*

Match[class_identifier]=article – *Bedingung, die erfüllt sein muss*

Override für die Produkte

[products] – *Name für das Override*

Source=node/view/full.tpl – *Pfad zum Default-Template*

MatchFile=my_product.tpl – *Name des alternativen Templates*

Subdir=templates – *Ort, wo das alternative Template zu finden ist*

Match[class_identifier]=product – *Bedingung, die erfüllt sein muss*

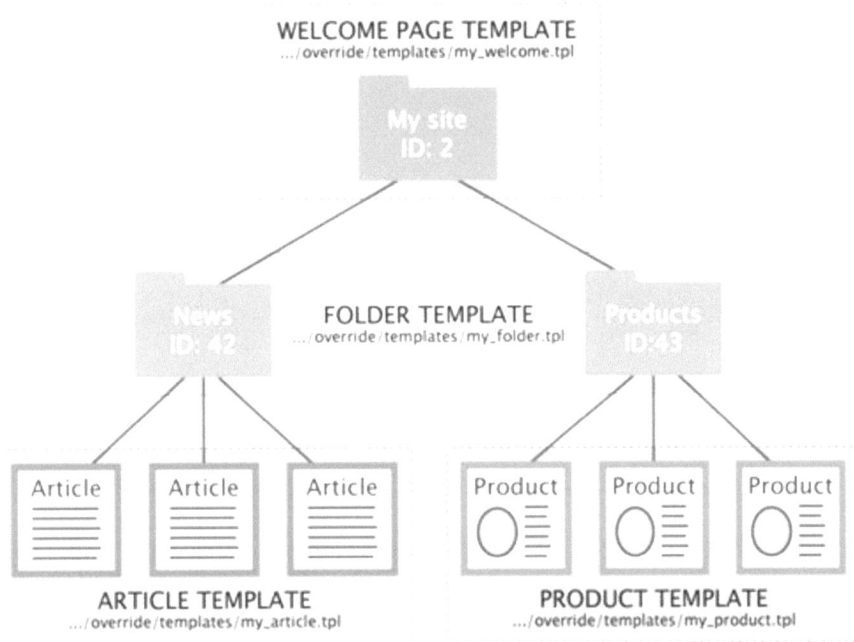

WELCOME PAGE TEMPLATE
.../override/templates/my_welcome.tpl

FOLDER TEMPLATE
.../override/templates/my_folder.tpl

ARTICLE TEMPLATE
.../override/templates/my_article.tpl

PRODUCT TEMPLATE
.../override/templates/my_product.tpl

Abb.5.3.3 „Template-Override Beispiel", [eZ Publish Docs 2007]

6 Das Arbeiten mit eZ Publish

6.1 Das Administrations-Interface

In eZ Publish wird der Content mit Hilfe einer grafischen Benutzeroberfläche, dem Administrations-Interface verwaltet. Hier folgt nun eine kurze Übersicht über die Oberfläche des Administrations-Interfaces.

Im ersten Schritt muss man sich mit dem Benutzernamen und dem Passwort anmelden.

Anmelden am Administration Interface

Bitte eine korrekte Kombination aus Benutzername/Password eingeben und "Anmelden" klicken.

Benutzen Sie den "Registrieren" Knopf, um einen neues Benutzer-Konto zu erstellen.

Benutzername:

Passwort:

Anmelden   Registrieren

Abb.6.1.1 „Anmelden am Administration Interface"

Nach dem Anmelden, gelangt man zur Gesamtstruktur der Webseite. Unterhalb der Reiter sieht man, in welcher Hierarchieebene man sich befindet.

| Inhalte | Medien-Bibliothek | Benutzer und Rechte | Web-Shop | Design | Setup | Mein Konto |

> Home

Abb.6.1.2 „Hierarchieebene unterhalb der Reiter – hier > Home, also die oberste Hierarchiestufe"

Auf der linken Seite ist die Inhaltsstruktur der Webseite zu sehen, also alle Elemente, die sich auf der Webseite befinden.

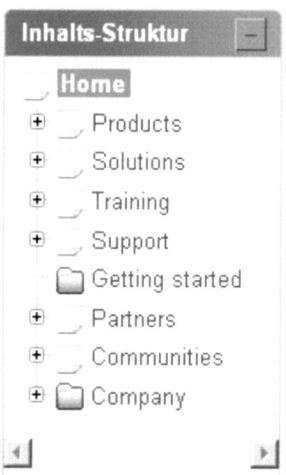

Abb.6.1.3 „Inhalts-Struktur der Webseite."

Die mittlere Tabelle zeigt alle Elemente, die sich auf (Typ Frontpage) bzw. unterhalb (Typ Folder) der Startseite befinden.

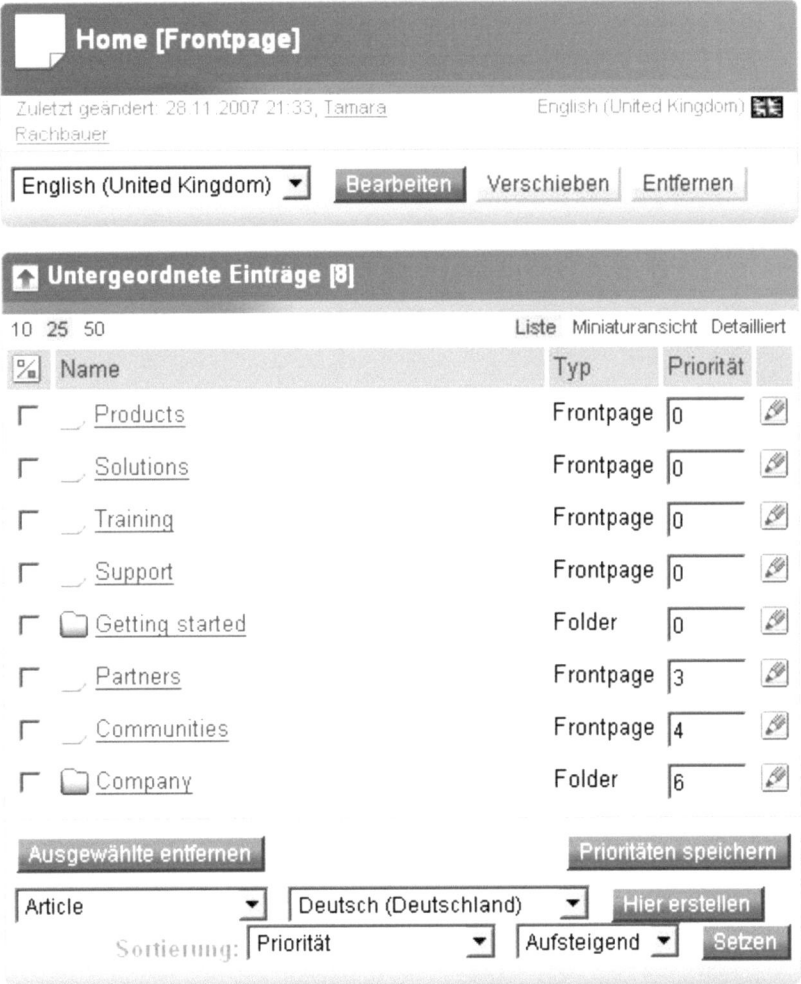

Abb.6.1.4 „Alle Elemente, die sich auf/in bzw. unterhalb der Home-Seite befinden."

„Folder" ist ein Ordner, in dem sich weitere Elemente befinden. Der Foldertitel, z. B. „Company" ist auch als Untermenüpunkt in der Navigationsleiste zu sehen.

Nach einem Klick z. B. auf den Link „Company" sieht man die weiteren Elemente, die sich in diesem Ordner befinden.

Abb.6.1.5 „Alle Elemente, die sich im Ordner Company befinden"

Beim Typ „Image" handelt es sich um ein Bild, beim „Feedback form" um ein Formular, und beim „Multicalendar" um einen Kalender.

Ein weiterer wichtiger Typ ist der „Article". Dabei handelt es sich um eine Standard-Textseite mit einem kurzen Text, dem Haupttext und einem Platz für ein kleines Bild.

Abb.6.1.6 „Das Element vom Typ Article"

Durch einen Klick auf das „Bleistiftsymbol" ist eine Bearbeitung der Elemente möglich.

Abb.6.1.7 „Administrations-Interface nach dem Anmelden als Administrator"

6.2 Ein eigenes, benutzerdefiniertes Seitenlayout erstellen

Um ein eigenes, benutzerdefiniertes Seitenlayout erzeugen zu können, müssen einige Ordner in der Verzeichnisstruktur angelegt, das Haupttemplate „pagelayout.tpl" angepasst, einige Override-Templates und CSS-Dateien erstellt, und Blöcke in der „override.ini.append.php"-Datei definiert werden.

6.2.1 Ordner in der Verzeichnisstruktur anlegen und Einstellungen in den „settings"

Bevor ein individuell angepasstes Webseitendesign erstellt werden kann, muss man einige Ordner in der Verzeichnisstruktur von eZ Publish über den Windows-Explorer anlegen. Am sinnvollsten ist es, bereits vorhandene Ordner zu nehmen, diese zu kopieren und umzubenennen, da diese schon alle notwendigen Dateien enthalten, z. B. plain_site und plain_site_admin:

• Unter „settings/siteaccess/"

  – einen Ordner „chess_site" für das Frontend, also die Webseitenbesucher und

  – einen Ordner „chess_admin" für das Backend, also den Administrator.

Abb.6.2.1.1 „Ordner chess_admin und chess_site, die unter den settings/siteaccess angelegt wurden"

• Unter „design" einen Ordner „chess_site" mit den Unterordnern:

  – fonts: für Schriften

  – images: für Bilder

  – override: für benutzerspezifische Overrides

  – override/templates: für benutzerspezifische Template-Overrides

  – stylesheets: für CSS-Stylesheets

  – templates: für seitenspezifische Templates

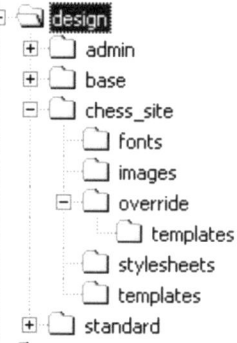

Abb.6.2.1.2 „Ordner chess_site, der unter design angelegt wurde"

Nun müssen noch die jeweiligen „site.ini"-Dateien, angepasst werden, damit die richtigen Designs verwendet werden. (die durchgeführten Änderungen sind fett und kursiv)

- „settings/siteaccess/chess_site/site.ini.append.php"
  - [SiteSettings]
    SiteName=Hausarbeit im Fach Contentmanagement WS 07/08
  - [DesignSettings]
    SiteDesign=*chess_site*
  - [FileSettings]
    VarDir=var/*chess*
- „settings/siteaccess/chess_admin/site.ini.append.php"
  - [SiteSettings]
    SiteName=Hausarbeit im Fach Contentmanagement WS 07/08
  - [DesignSettings]
    SiteDesign=*admin*
  - [FileSettings]
    VarDir=var/*chess*
- „settings/override/site.ini.append.php"
  - [SiteSettings]
    DefaultAccess=*chess_site*
    SiteList[]=*chess_site*
  - [SiteAccessSettings]
    AvailableSiteAccessList[]=*chess_site*
    AvailableSiteAccessList[]=*chess_admin*

Hinweis: Am einfachsten und schnellsten geht es, wenn man diese Dateien mit einem Texteditor wie z. B. Homesite oder Dreamweaver öffnet, verändert und speichert.

6.2.2 Template Cache deaktivieren

Bevor man mit der Entwicklung von Templates beginnt, sollte man laut [Farstad 2006] den eZ Publish Template Cache deaktivieren. Diesen Cache verwendet eZ Publish, um die Systemperformance in einer Produktionsumgebung zu beschleunigen. Während der Entwicklung würde dieser Cache stören, da man die Änderungen am Template nicht sofort sehen könnte.

Um den Cache zu deaktivieren, müssen laut [Farstad 2006] folgende Einstellungen am Ende der Datei „settings/siteaccess/chess_site/site.ini.append.php" hinzugefügt werden:

- [ContentSettings]
  ViewCaching=disabled
- [DebugSettings]
  DebugOutput=enabled
- [TemplateSettings]
  TemplateCache=disabled

  Debug=disabled

Um die Ergänzungen durchführen zu können, mittels Windows-Explorer auf die Datei „site.ini.append.php" zugreifen und z. B. mit Homesite oder Dreamweaver öffnen und ganz am Ende die genannten Einstellungen hinzufügen und abspeichern.

6.2.3 Das Haupttemplate „pagelayout.tpl" erstellen

Im ersten Schritt wird dieses Template erzeugt, um das Grundlayout für eine eigene Webseite zu erzeugen.

Wie im Kapitel Designs bereits beschrieben, sucht eZ Publish zuerst das Hauptde-sign, das über pagelayout.tpl festgelegt wird, unter „design/chess_site/templates" und fällt bei nicht Vorhandensein auf das Zusatz- und dann auf das Standarddesign zurück (automatic fallback).

Das Haupttemplate muss laut [eZ Publish Docs 2007] zumindest folgende Bestand-teile aufweisen:

```
<!DOCTYPE html PUBLIC "-//W3C//DTD XHTML 1.0
Transitional//EN" "http://www.w3.org/TR/xhtml1/DTD/xhtml1-
transitional.dtd">
<html xmlns="http://www.w3.org/1999/xhtml" xml:lang="en"
lang="en">

<head>

<style type="text/css">
    @import url({'stylesheets/core.css'|ezdesign});
    @import url({'stylesheets/debug.css'|ezdesign});
</style>

{include uri='design:page_head.tpl'}

</head>

<body>

{$module_result.content}

<!--DEBUG_REPORT-->

</body>
</html>
```

Abb.6.2.3.1 „der Inhalt des Haupttemplates pagelayout.tpl", [eZ Publish Docs 2007]

Stylesheets werden über „@import url" eingebunden.

- core.css wird con einigen Standard-Templates verwendet,
- debug.css wird verwendet, um die Ausgabe von Debug-Code zu formatieren,
- eZ Publish macht aus dieser Angabe „{'stylesheets/core.css'|ezdesign}",
  dadurch, dass der String durch den Operator „ezdesign" gepiped wird
  „/design/sitename/stylesheets/core.css"
- Existiert an dieser Stelle keine core.css fällt eZ Publish auf die Datei im Standard-Design zurück.
- Einbinden der Standard „page_head.tpl":
  - {* Einbinden der "page_head.tpl" *} – Template Kommentar
  - {include uri="design:page_head.tpl"} – verantwortlich für den Seitentitel, Metainformationen etc.
  - {$module_result.content} - markiert die Stelle, an die der Inhalt kommen soll

Am einfachsten ist es diese Mindestbestandteile in einen Texteditor zu kopieren und unter „design/chess_site/templates/" als „pagelayout.tpl" abzuspeichern.

Im nächsten Schritt kümmert man sich um das Hauptlayout, also wie man die Webseite aufbauen möchte, z. B. mit Tabellen oder ohne Tabellen.

Am besten ist es das Layout in einem entsprechenden Editor zu erstellen, z. B. Homesite oder Dreamweaver.

Anschließend kopiert man den erstellten HTML-Code in die „pagelayout"-Datei zwischen <body> und </body>.

6.2.4 Das benutzerdefinierte Stylesheet für pagelayout.tpl erstellen und einbinden

Benutzerdefinierte Stylesheets können mit einem beliebigen Texteditor oder einem anderen Programm wie z. B. Dreamweaver oder Homesite erstellt werden. Das Stylesheet wird unter „design/chess_site/stylesheets/" als „chess.css" gespeichert.

Anschließend muss es in die Datei „pagelayout.tpl" eingebunden werden. Dazu öffnet man pagelayout.tpl z. B. mit Homesite und schließt die css-Datei folgendermaßen ein:

@import url({'stylesheets/chess.css'|ezdesign});

6.2.5 Sektionen erstellen

Wie im Kapitel Sektionen beschrieben, erleichtern Sektionen die Erstellung von Override-Templates. Wird der Inhalt der Webseite in Sektionen eingeteilt, kann jeder Sektion ein eigenes Design mit Hilfe der Override-Templates zugewiesen werden.

Mögliche Sektionen einer Webseite könnten sein:

- Hauptseite,
- News,
- Company,
- Media,
- Shop, etc.

Zum Erstellen von Sektionen geht man laut [Halasy und Groganz 2004] folgendermaßen vor:

1. Im Administrations-Interface auf die Schaltfläche „Setup" klicken
2. Im linken Bereich auf „Sections"
3. Man erhält eine Übersicht über die bereits vorhandenen Sektionen (Design, Media, Setup,…)

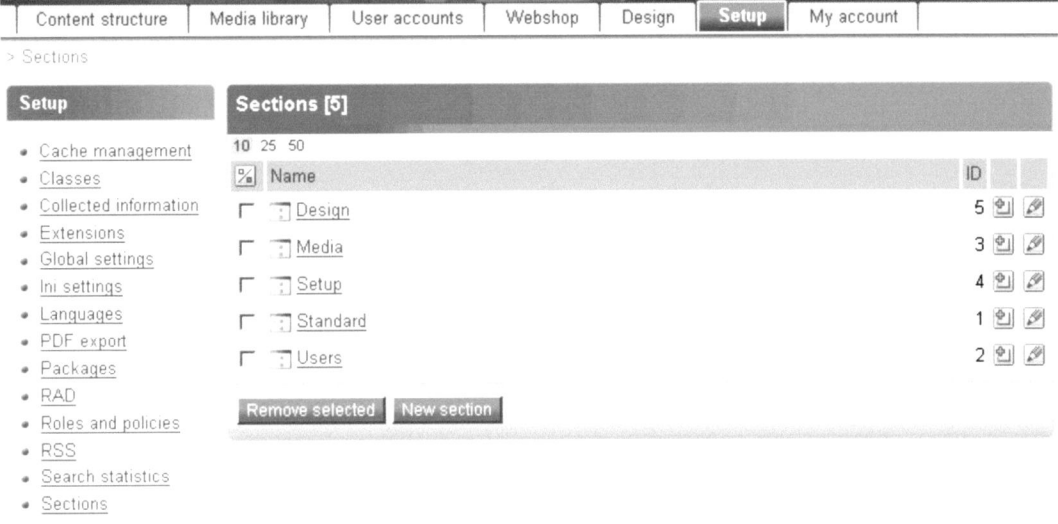

Abb.6.2.5.1 „Übersicht über die bereits vorhandenen Sektionen"

4. Auf die Schaltfläche „New Section" klicken.

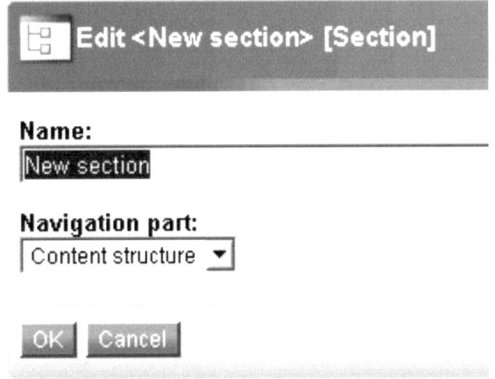

Abb.6.2.5.2 „Neue Sektion erstellen"

5. Hier einen Namen für die zu erstellende Sektion vergeben, z. B. News.
6. Bei Navigation part „Content structure" über das DropDown Menü einstellen, da der Inhalt in Sektionen geteilt werden soll.
7. Auf OK klicken und die neue Sektion ist erstellt.

Diese Vorgänge auch für die anderen Sektionen, die benötigt werden, durchführen.

6.2.6 Inhalte der Startseite an die eigenen Bedürfnisse anpassen

Im nächsten Schritt kann die bestehende Default-Startseite von eZ Publish bearbeitet und mit eigenen Inhalten gefüllt werden.

Dazu muss man auf der Eingangsseite des Administrations-Interfaces beim vorhandenen Willkommensartikel auf die Schaltfläche „Edit" klicken und man gelangt in die Artikelbearbeitungsseite.

Welcome to eZ publish

eZ publish is a popular open source content management system and development framework. It allows the development of professional, customized and dynamic web solutions. It can be used to build anything from a personal homepage to a multinational corporate website with role based multiuser access, online shopping, discussion forums and other advanced functionality. In addition, because of its open nature, eZ publish can easily be plugged into, communicate and coexist with existing IT-solutions.

Documentation and guidance

Edit   Move   Remove

Abb.6.2.6.1 „Willkommensseite von eZ Publish bearbeiten"

Eine andere Möglichkeit ist es, einen neuen Artikel zu erstellen. Dazu wählt man im Administrations-Interface im mittleren, unteren Bereich der Startseite aus dem Dropdown Menü „Article" und klickt auf „Create here".

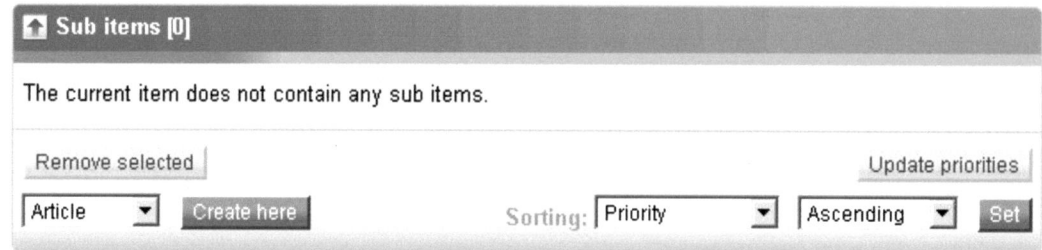

Abb.6.2.6.2 „Neuen Artikel erstellen"

Man gelangt zur Artikelbearbeitungsseite.

Hier kann man

- den Titel,
- einen Kurztitel,
- den Autor mit Email Adresse,
- ein Intro für den Artikel und
- den Gesamttext im Body schreiben und
- ein Bild einfügen.

- Weiters kann man mittels Checkbox angeben, ob Kommentare erlaubt sein sollen.

Sind diese Vorgänge erledigt, klickt man auf die Schaltfläche „Send for publishing"

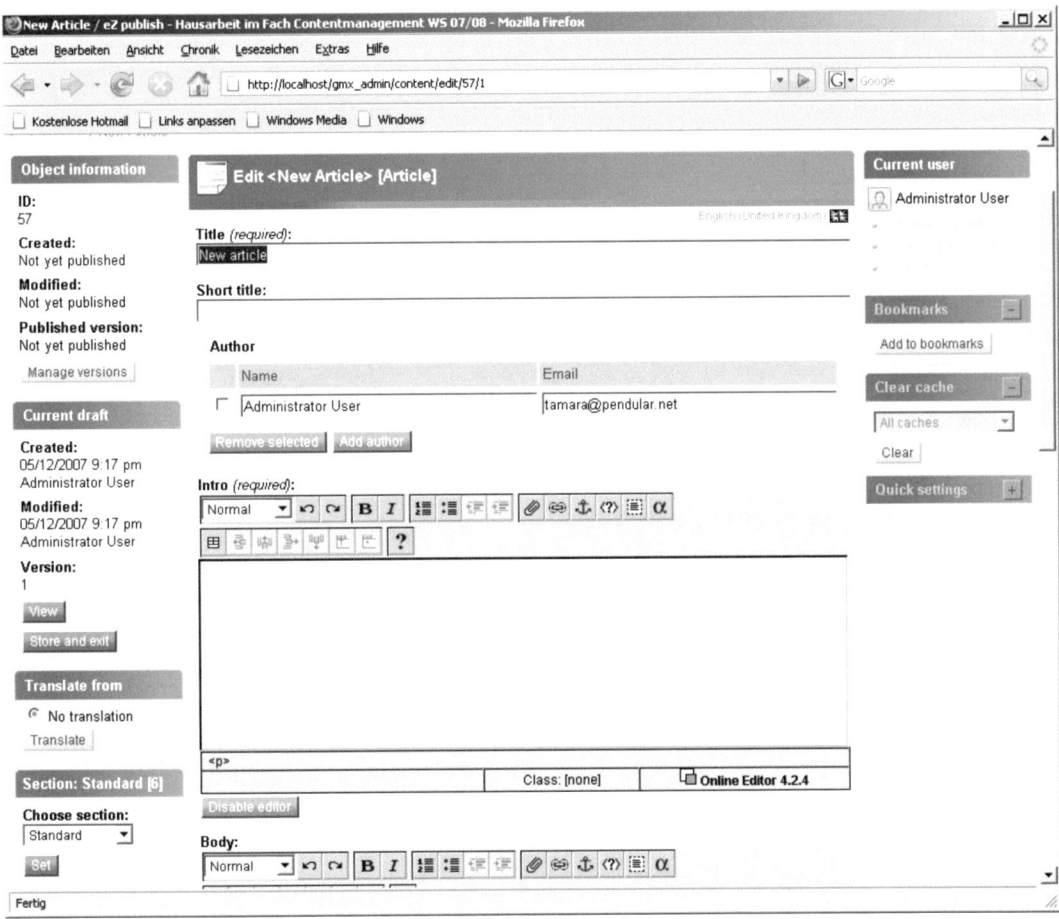

Abb.6.2.6.3 „Interface zum Erstellen von Artikeln"

EZ Publish zeigt standardmäßig immer die Seite mit der ID 1, also die root-Seite, also die Willkommensseite, die bei einer Installation schon vorhanden ist, an. In dem Fall, dass man nicht diese Seite bearbeitet und angepasst hat, sondern eine neue Seite erstellt hat, muss man noch einige weitere Schritte durchführen, damit eZ Publish die eben erstellte Seite als Startseite anzeigt.

Laut [Halasy und Groganz 2004] sind dazu folgende Schritte notwendig:

1. Herausfinden, welche ID die eben erstellte Seite hat,
2. eine Änderung durchführen, damit eZ Publish diese eben erstellte Seite als Standardseite anzeigt.

Ein Link zum erstellten Artikel ist auf der Einstiegsseite des Administrations-Interfaces zu sehen. Fährt man mit der Maus darüber, sieht man, welche ID der Artikel hat. Diese ID muss man sich merken.

Abb.6.2.6.4 „Link zum neu erstellten Artikel"

Die Einstellungen müssen in der „settings/siteaccess/chess_site/site.ini.append.php" durchgeführt werden. Dabei muss man zu den [SiteSettings] folgenden Eintrag hinzufügen:

- [SiteSettings]

  IndexPage=/content/view/full/60 – 60 ist die ID-Nummer

6.2.7 Das Override Template „full_view_homepage.tpl" erstellen

In diesem Abschnitt wird die Startseite an die eigenen Bedürfnisse angepasst. Jedes Mal, wenn die Startseite aufgerufen wird, soll eZ Publish in Abhängigkeit von deren ID ein bestimmtes Template verwenden und damit das Default-Template überschreiben.

Dazu sind laut [Halasy und Groganz 2004] folgende Schritte notwendig:

1. Im Administrationsinterface auf „Design" klicken,
2. Im linken Bereich auf „Templates",
3. In der Suchmaske „/node/view/full" eingeben und auf „Filter" klicken,
4. Auf den Link „/node/view/full.tpl" klicken,
5. ganz nach unten scrollen und auf „New Override" klicken,

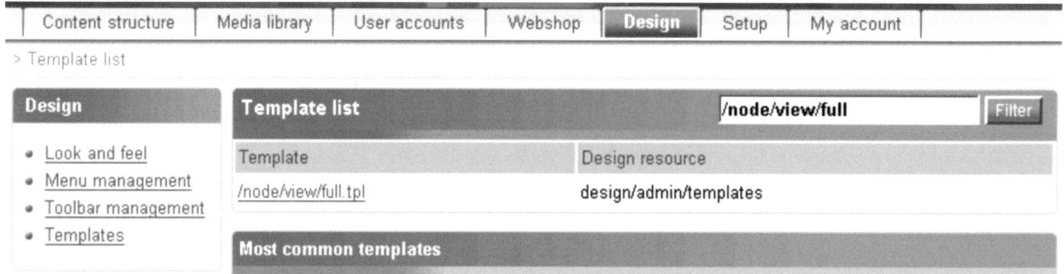

Abb.6.2.7.1 „Das Template full.tpl suchen"

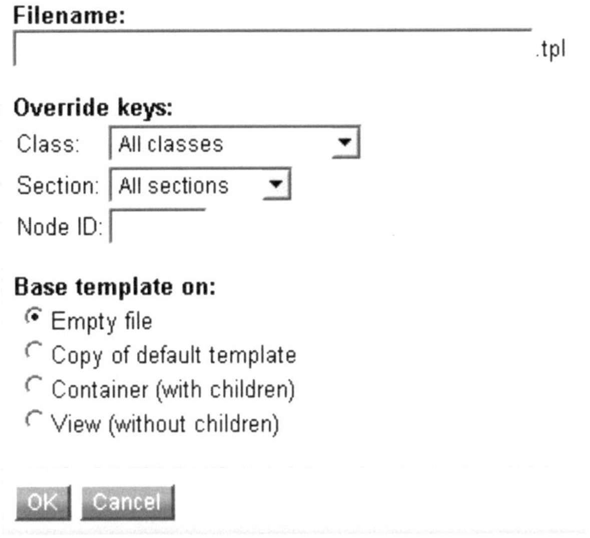

Filename:

_____ .tpl

Override keys:

Class: | All classes ▼ |

Section: | All sections ▼ |

Node ID: | |

Base template on:
- ⦿ Empty file
- ○ Copy of default template
- ○ Container (with children)
- ○ View (without children)

[OK] [Cancel]

Abb.6.2.7.2 „Neues Override Template erstellen"

6. Bei Filename „full_view_homepage" eingeben,

7. bei Node ID die ID der Startseite eingeben (entweder „1", wenn man die vorhandene Startseite bearbeitet hat oder die ID der neu erstellten Startseite, in diesem Fall wäre es die 60)

8. alles andere so belassen wie der obige Screenshot zeigt

9. Auf OK klicken.

10. eZ Publish erzeugt ein neues Template, das unter „design/chess_site/override/templates/" abgelegt wird.

11. Die „Priority" dieses Templates von 21 auf 1 setzen.

12. Dieses Template wird dann anstelle des Standard-Templates verwendet, wenn auf die Startseite zugegriffen wird.

Das neu erstellte Template im nächsten Schritt mit einem Texteditor öffnen und laut [Halasy und Groganz 2004] um folgenden Code ergänzen. Dieser sorgt dafür, dass die einzelnen Inhalte der Startseite extrahiert und schöner formatiert angezeigt werden.

<div class="pagetitle">

Titel wird extrahiert; Standardansicht wird verwendet, da keine spezielle Ansicht angegeben wurde

{attribute_view_gui attribute=$node.object.data_map.title}

</div>

das Bild wird, wenn vorhanden, extrahiert, nach rechts gesetzt und mit der Ansicht (view) large dargestellt

```
<div class="imageright">

        {if $node.object.data_map.image.has_content}

                {attribute_view_gui  image_class=large

                attribute=$node.object.data_map.image.content.data_map.image

                }

        {/if}

</div>
```

der Introtext wird extrahiert; Standardansicht wird verwendet, da keine spezielle Ansicht angegeben wurde

{attribute_view_gui attribute=$node.object.data_map.intro}

der Bodytext wird extrahiert; Standardansicht wird verwendet, da keine spezielle Ansicht angegeben wurde

{attribute_view_gui attribute=$node.object.data_map.body}

6.2.8 Die News-Seiten erstellen

Um die News-Seiten ansprechend zu formatieren, muss das Stylesheet chess.css unter „/design/chess_site/stylesheets" entsprechend erweitert werden.

Im nächsten Schritt erstellt man einen Ordner „Folder" für die gesamten Newsinhalte. Dazu sind folgende Schritte notwendig:

1. Im Administrationsinterface im mittleren Bereich aus dem DropDown Menü „Folder"
   auswählen und auf die Schaltfläche „Create here" klicken.

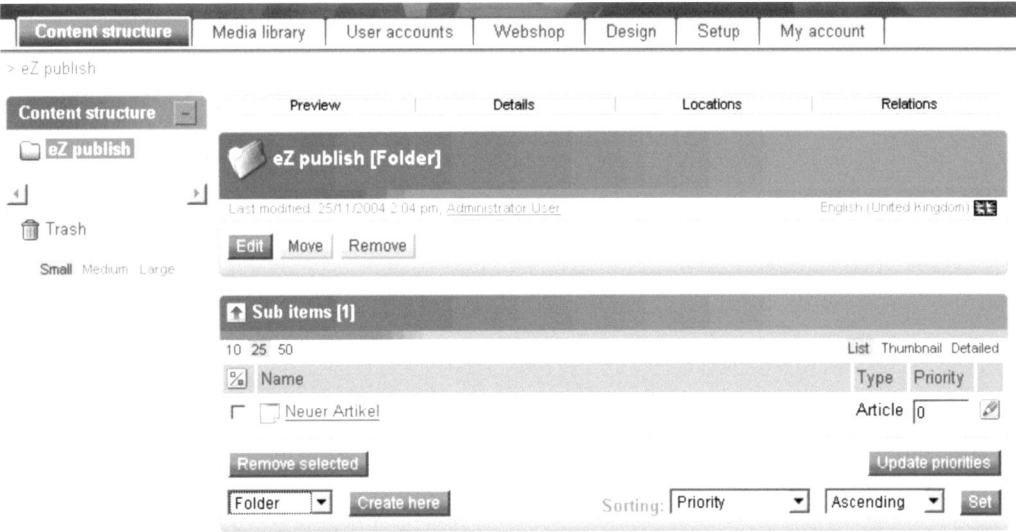

Abb.6.2.8.1 „Folder erzeugen"

2. Eine neue Seite öffnet sich. Hier füllt man die „Name" und „Description" wie folgt aus:

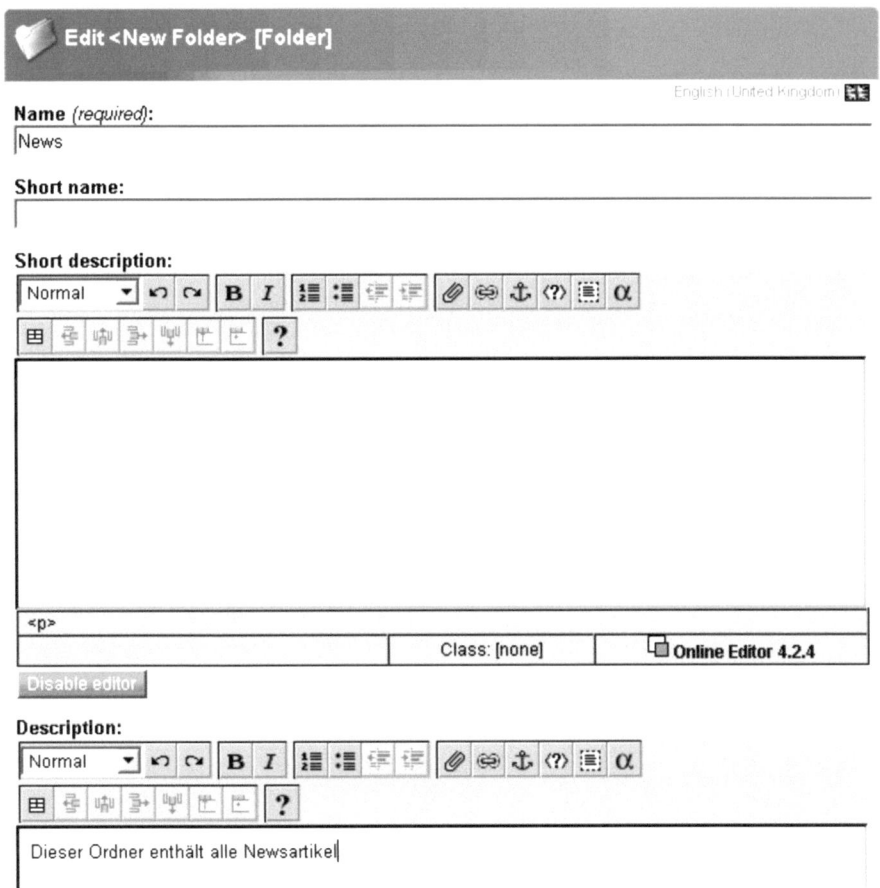

Abb.6.2.8.2 „Folder Formular ausfüllen"

3. Danach nach unten scrollen und auf die Schaltfläche „Send for publishing" klicken.

Abb.6.2.8.3 „Schaltfläche Send for publishing"

4. Der erstellte Ordner „News" ist auf der Startseite sichtbar.

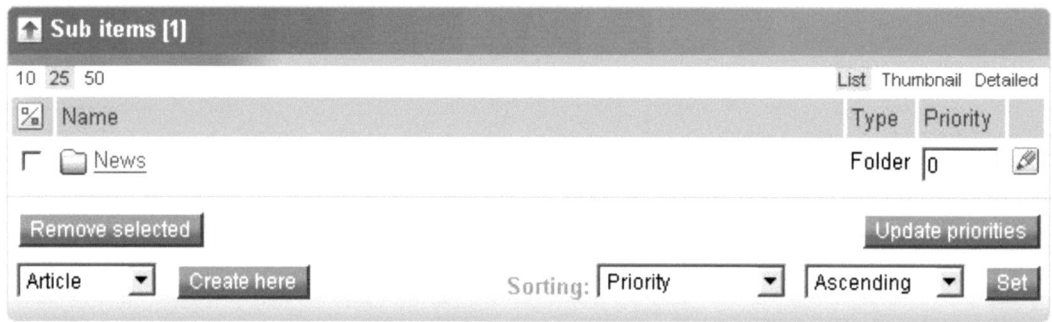

Abb.6.2.8.4 „Der neu erstellte Ordner News"

Im nächsten Schritt werden in diesem Ordner einige Newsartikel erzeugt. Dazu sind folgende Schritte notwendig:

1. Auf den Link „News" klicken

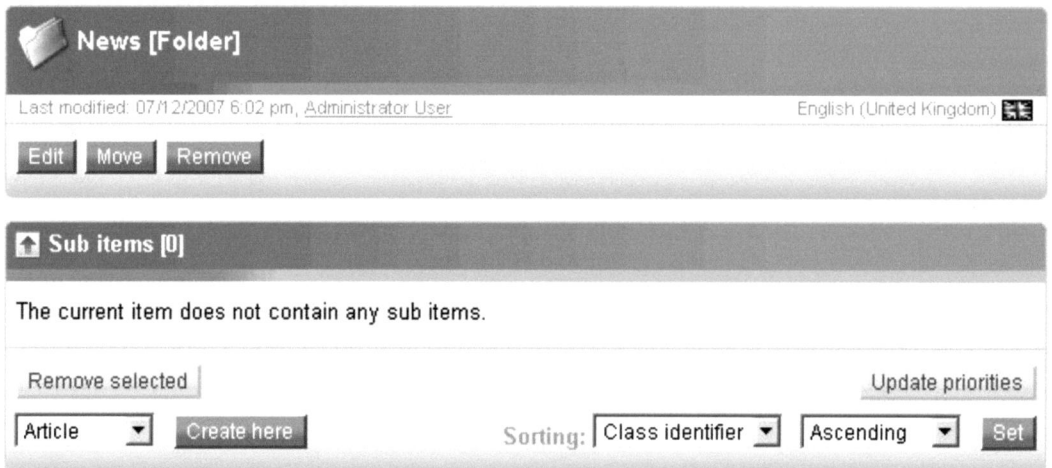

Abb.6.2.8.5 „Inhalt des Ordners News"

2. In der DropDown Box „Article" auswählen und auf die Schaltfläche „Create here" klicken.
3. Auf der Formularseite die Felder Title, Intro, Body mit Inhalten füllen
4. und ein Bild hinzufügen.
5. Auf die Schaltfläche „Send for publishing" klicken.

Diese Schritte wiederholt man einige Male, so dass man zumindest drei Newsartikel angelegt hat.

6.2.9 Den Newsfolder der News Sektion zuweisen und die Berechtigungen anpassen

Für das Zuweisen des Newsfolders zur News Sektion sind folgende Schritte notwendig:

6. Auf die Schaltfläche „Setup" klicken,

7. im linken Bereich auf den Link „Sections" klicken,

8. im mittleren Bereich den Link „News Section" suchen und auf die Schaltfläche mit dem „+"-Zeichen (Assign) neben dem Bleistiftsymbol klicken.

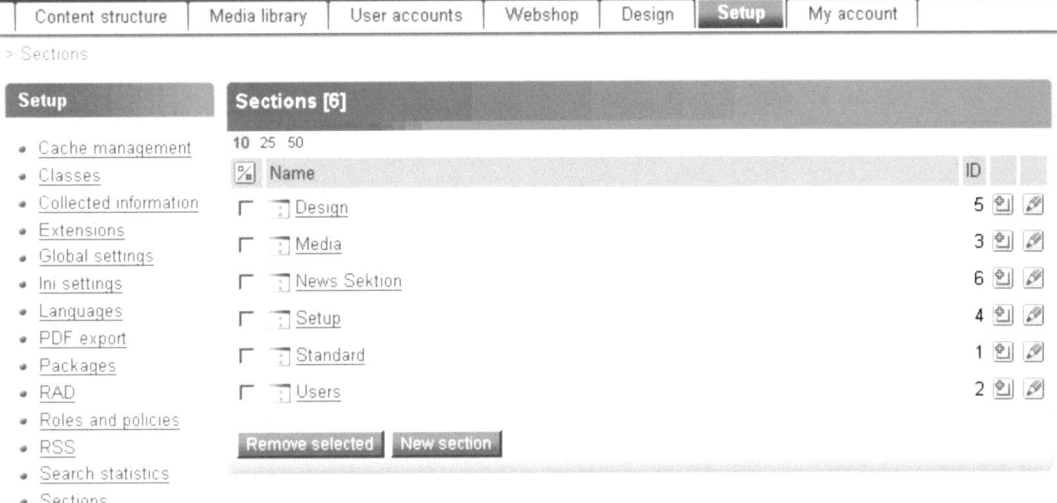

Abb.6.2.9.1 „News Sektion zuweisen"

9. Im neuen Fenster den Ordner „News" durch Anklicken der Checkbox auswählen und auf die Schaltfläche „Select" klicken.

Abb.6.2.9.2 „Ordner News wählen"

Der Ordner „News" und sein gesamter Inhalt, auch die später neu erstellten Inhalte sind nun der „News Sektion" zugeordnet.

Nun müssen dem Anonymous User, also den Besuchern der Webseite, noch die Berechtigungen zum Betrachten der News Sektion gegeben werden.

Dazu geht man folgendermaßen vor:

1. Auf die Schaltfläche „Setup" klicken,
2. im linken Bereich auf den Link „Roles and Policies" klicken,
3. im mittleren Bereich den Link „Anonymous" suchen und darauf klicken,
4. im mittleren Bereich bei Anonymous [Role] auf Edit klicken,

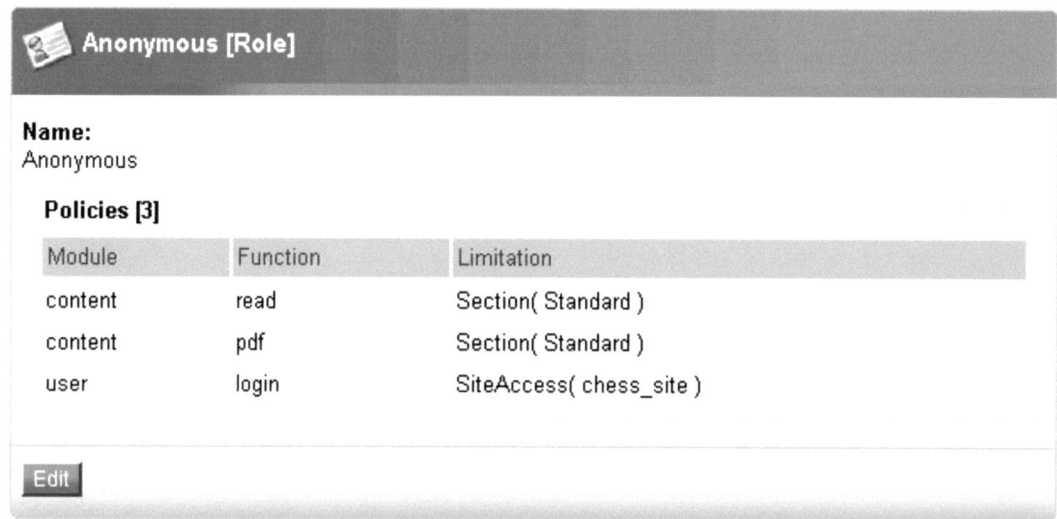

Abb.6.2.9.3 „Die Rechte der Anonymous User anpassen"

5. auf die Schaltfläche „New Policy" klicken,
6. bei „Module" aus dem DropDown Menü „content" auswählen und auf „Grant access to one function" klicken,
7. bei „Function" aus dem DropDown Menü „read" auswählen und auf „Grant limited access" klicken,
8. Dann die in der Abbildung 6.2.9.4 gemachten Einstellungen durchführen und auf „OK" klicken.

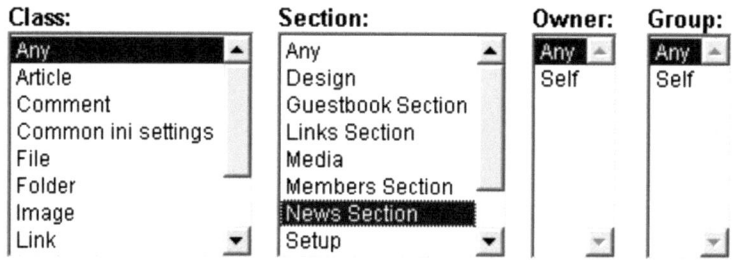

Abb.6.2.9.4 „Die Section auswählen"

9. Man gelangt zur Abbildung 6.2.9.5, hier auf OK klicken.

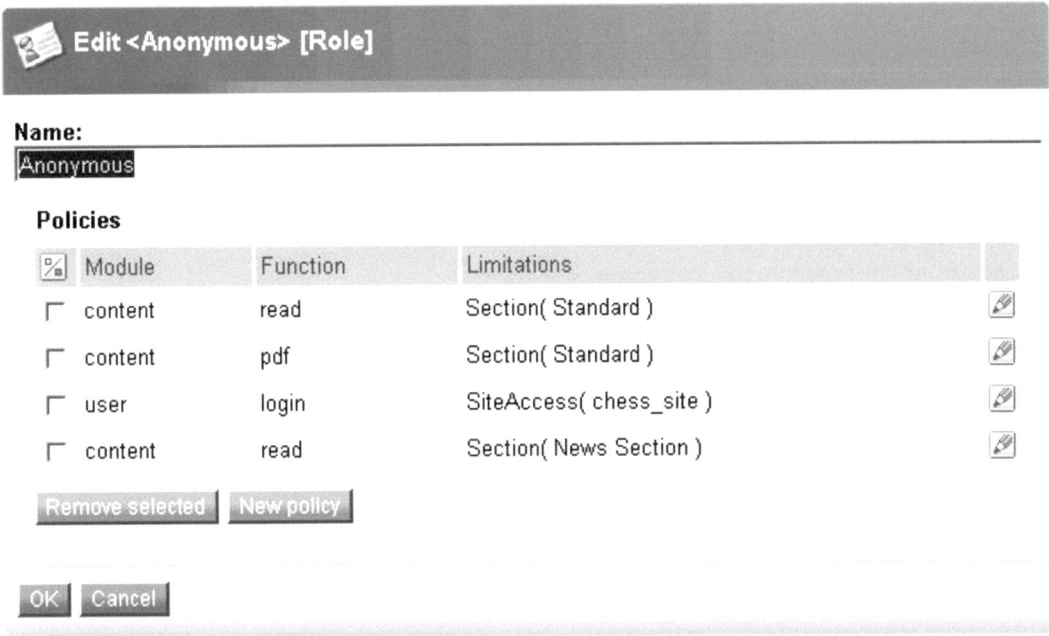

Edit \<Anonymous\> [Role]

Name:

Anonymous

Policies

%	Module	Function	Limitations	
☐	content	read	Section(Standard)	🖉
☐	content	pdf	Section(Standard)	🖉
☐	user	login	SiteAccess(chess_site)	🖉
☐	content	read	Section(News Section)	🖉

Remove selected   New policy

OK   Cancel

Abb.6.2.9.5 „Anonymous Users auswählen"

6.2.10 Den News-Link auf der Webseite dem Newsordner zuweisen

Damit der Betrachter der Webseite den Inhalt des Newsordners über die Navigation erreichen kann, muss der Newslink dem Newsordner zugewiesen werden.

Dafür muss laut [Halasy und Groganz 2004] das folgende Codestück

<a href={"/news"|ezurl}>News</a>

in das Haupttemplate „pagelayout.tpl" unter „/design/chess_site/template/" eingefügt werden. Es ersetzt den bisherigen Newslink. „ezurl" sorgt dafür, dass der richtige Pfad verwendet wird.

6.2.11 Das Override Template „full_view_news_folder.tpl" erstellen

Damit der Inhalt des Newsfolders in einer individuell angepassten Form angezeigt wird, muss das dafür verantwortliche Standard-Template „full.tpl" überschrieben werden.

Dazu sind folgende Schritte notwendig:

Auf die Schaltfläche „Design" klicken
Im linken Bereich auf den Link „Templates"
In der Suchmaske „/node/view/full.tpl" eingeben und auf „Filter" klicken.

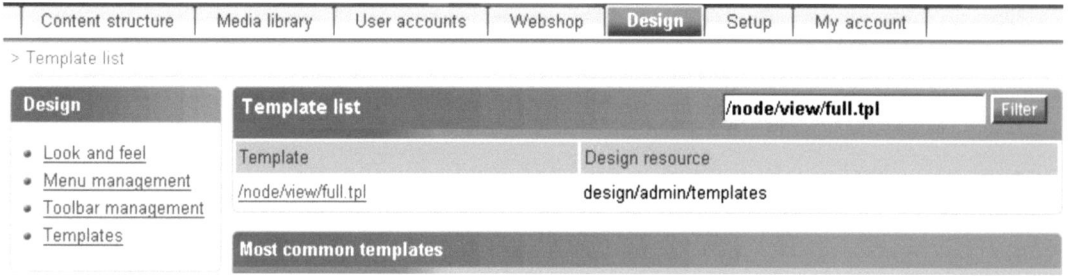

Abb.6.2.11.1 „Das Template full.tpl suchen"

10. Auf den Link „/node/view/full.tpl" klicken.

11. Auf der neuen Seite ganz nach unten scrollen und auf „New Override" klicken.

12. Bei Filename „full_view_news_folder" eingeben.

13. Bei Class „Folder" auswählen.

14. Bei Section „News Sektion" auswählen.

15. bei Base template on: „Empty file" anklicken und auf OK klicken.

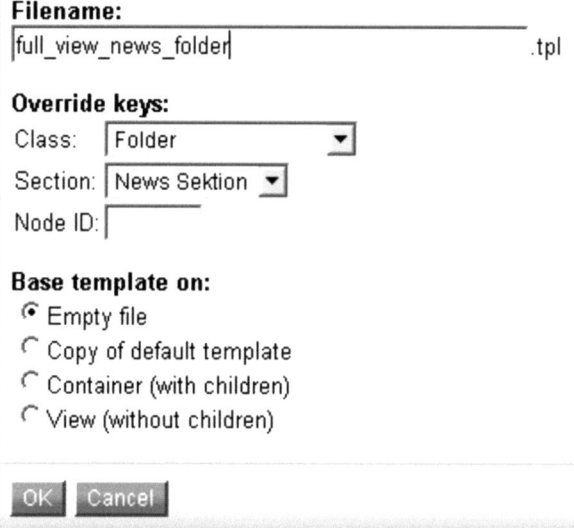

Abb.6.2.11.2 „Das Template full_view_news_folder.tpl erstellen"

Damit wurde ein leeres Override Template erzeugt. Dieses muss nun so angepasst werden, dass es jedes Mal verwendet wird, wenn auf die „News Sektion" zugegriffen wird.

Dafür wird laut [Halasy und Groganz 2004] folgender Code in das leere Template eingefügt:

```
<h1>Latest News</h1>

{def $article_array=fetch_alias(children, sort_by, $node.sort_array,

                    hash  (parent_node_id, $node.node_id,

                    offset,0,

                    sort_by,array( published, false() ),

                    limit, 6

                         )

                    )

}


{foreach $article_array as $objectKey => $article}

        {node_view_gui view=line content_node=$article}

        <hr>

{/foreach}

{undef}
```

- Mit „def $article_array" wird eine Array-Variable zum Speichern der Artikel angelegt.
- Mit Hilfe des Template Operators „fetch_alias" werden die Daten geholt, die angezeigt werden sollen.
- Mit „children" werden die Objekte geholt, die sich unter einem bestimmten Knoten befinden.
- Mit „hash" wird festgelegt,
  - von welchem Elternknoten die Daten geholt werden sollen (parent_node),
  - wie sie sortiert werden sollen (sort_by),
  - von wo die Ergebnisse zurückgegeben werden sollen (offset)
  - wie viel Stück geholt werden sollen (limit).
- Mit der Schleife „foreach" wird die Array-Variable, die die Artikel enthält, durchlaufen.
- Mit Hilfe von „node_view_gui" kann angegeben werden, mit welcher Ansicht (view) die Artikel angezeigt werden sollen.

- Hier mit dem „line-view Template".

6.2.12 Das Override Template „line_view_news_article.tpl" erstellen

Auch das Standard line-view Template wird wieder an die eigenen Bedürfnisse angepasst.

Folgende Schritte sind dazu notwendig:

1. Auf die Schaltfläche „Design" klicken

   Im linken Bereich auf den Link „Templates"

   In der Suchmaske „/node/view/line.tpl" eingeben und auf „Filter" klicken.

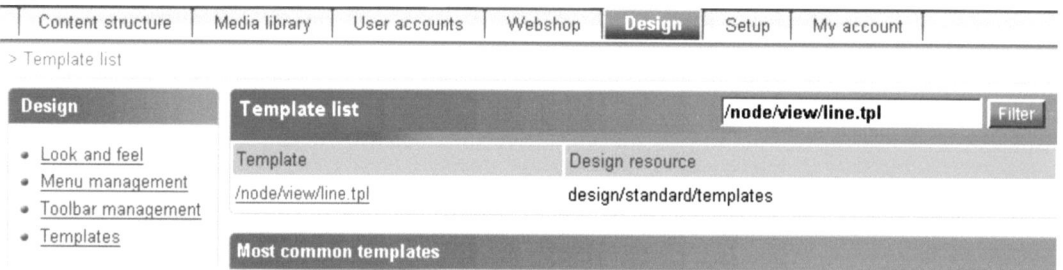

Abb.6.2.12.1 „Das Template line.tpl suchen"

2. Auf den Link „/node/view/line.tpl" klicken.
3. Auf der neuen Seite ganz nach unten scrollen und auf „New Override" klicken.
4. Bei Filename „line_view_news_article" eingeben.
5. Bei Class „Article" auswählen.
6. Bei Section „News Sektion" auswählen.
7. bei Base template on: „Empty file" anklicken und auf OK klicken.

Filename:

| line_view_news_article | .tpl

Override keys:

Class: | Article ▼ |

Section: | News Sektion ▼ |

Node ID: |

Base template on:
- ⦿ Empty file
- ○ Copy of default template
- ○ Container (with children)
- ○ View (without children)

OK Cancel

Abb.6.2.12.2 „Das Template line_view_news_article.tpl erstellen"

Damit wird ein leeres Override Template erzeugt. Dieses muss nun so angepasst werden, dass es jedes Mal verwendet wird, wenn eZ Publish eine Listenansicht von Artikeln in der „News Sektion" anzeigen soll.

Dafür wird laut [Halasy und Groganz 2004] folgender Code in das leere Template eingefügt:

```
<table class="latest_news">
    <tr>
        <td colspan="2">
            <div class="headline_link">
                <a href={$node.url_alias|ezurl}>
                    {attribute_view_gui                    attribute=$node.object.data_map.title}
                </a>
            </div>
        </td>
    </tr>
    <tr>
        <td>
            {attribute_view_gui attribute=$node.object.data_map.intro}
        </td>
        <td valign="top">
            {if $node.object.data_map.image.has_content}
                {attribute_view_gui  image_class=small
                 attribute=$node.object.data_map.image.content.data_map.image
                 href=$node.url_alias|ezurl}
            {/if}
```

```
          </td>

       </tr>

</table>
```

Dieses Template sorgt dafür, dass von jedem Artikel

- der Titel,

- das Intro und

- ein Thumbnail des Bildes, wenn vorhanden, angezeigt werden.

- Des Weiteren sind sowohl der Titel als auch das Thumbnail verlinkt und führen zum vollständigen Artikel.

Damit wurde sozusagen eine Newsübersichtsseite erzeugt, die in einer Liste die aktuellsten sechs Newsartikeln mit dem Titel, dem Intro und einem kleinen Thumbnail anzeigt.

6.2.13 Das Override Template „full_view_news_article.tpl" erstellen

Das zu erzeugende Override-Template „large_article.tpl" soll nun dafür sorgen, dass ein Artikel mit individueller Formatierung vollständig angezeigt wird.

Dazu sind folgende Schritte notwendig:

Auf die Schaltfläche „Design" klicken

Im linken Bereich auf den Link „Templates"

In der Suchmaske „/node/view/full.tpl" eingeben und auf „Filter" klicken.

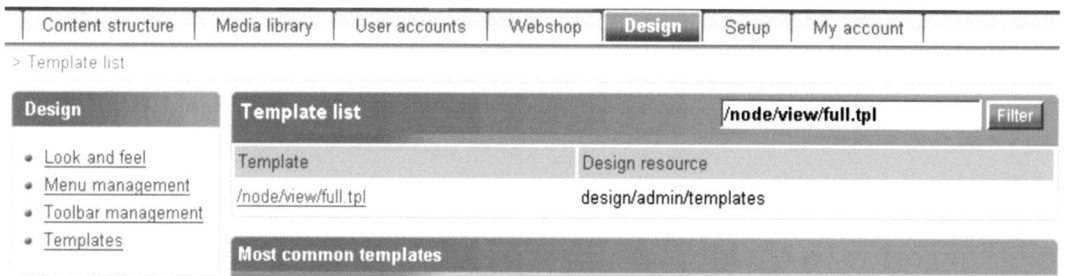

Abb.6.2.13.1 „Das Template full.tpl suchen"

8. Auf den Link „/node/view/full.tpl" klicken.

9. Auf der neuen Seite ganz nach unten scrollen und auf „New Override" klicken.

10. Bei Filename „full_view_news_article" eingeben.

11. Bei Class „Article" auswählen.

12. Bei Section „News Sektion" auswählen.

13. bei Base template on: „Empty file" anklicken und auf OK klicken.

70

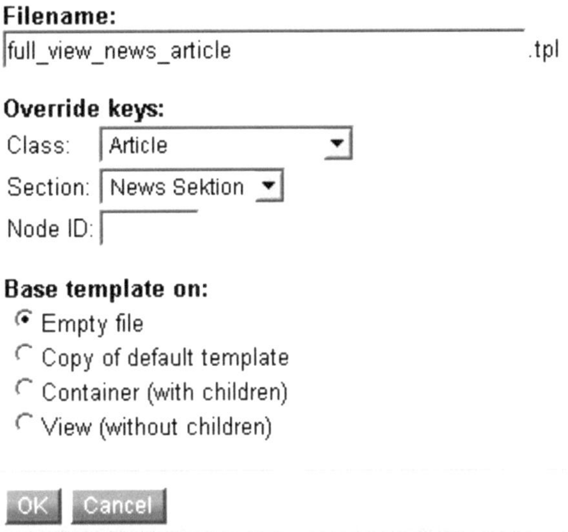

Filename:

```
full_view_news_article                          .tpl
```

Override keys:

Class: `Article ▼`

Section: `News Sektion ▼`

Node ID: `|`

Base template on:

⦿ Empty file
○ Copy of default template
○ Container (with children)
○ View (without children)

`OK` `Cancel`

Abb.6.2.13.2 „Das Template full_view_news_article.tpl erstellen"

Damit wurde ein leeres Override-Template erzeugt. Dieses muss nun so angepasst werden, dass es jedes Mal verwendet wird, wenn ein vollständiger Artikel in der „News Sektion" angezeigt wird.

Dafür wird laut [Halasy und Groganz 2004] folgender Code in das leere Template eingefügt:

{* Die Überschrift wird in einer größeren Schrift dargestellt. *}

```
<div class="headline">

        {attribute_view_gui attribute=$node.object.data_map.title}

</div>
```

{* Das Bild wird rechts in voller Größe angezeigt, wenn vorhanden. *}

```
<div class="imageright">

     {if $node.object.data_map.image.has_content}

            {attribute_view_gui  image_class=large

             attribute=$node.object.data_map.image.content.data_map.image

            }

     {/if}

</div>
```

{* Der Introtext wird in Fettschrift angezeigt. *}

> {attribute_view_gui attribute=$node.object.data_map.intro}

{* Der Bodytext, also der gesamte Inhalt wird angezeigt. *}

{attribute_view_gui attribute=$node.object.data_map.body}

6.2.14 Das fertige Seitenlayout in Bildern

Abb.6.2.14.1 „Die Homepage der Chess-Seite mit full_view_homepage.tpl"

Abb.6.2.14.2 „Die Übersichtsseite der Latest News mit full_view_news_folder.tpl und line_view_news_article.tpl"

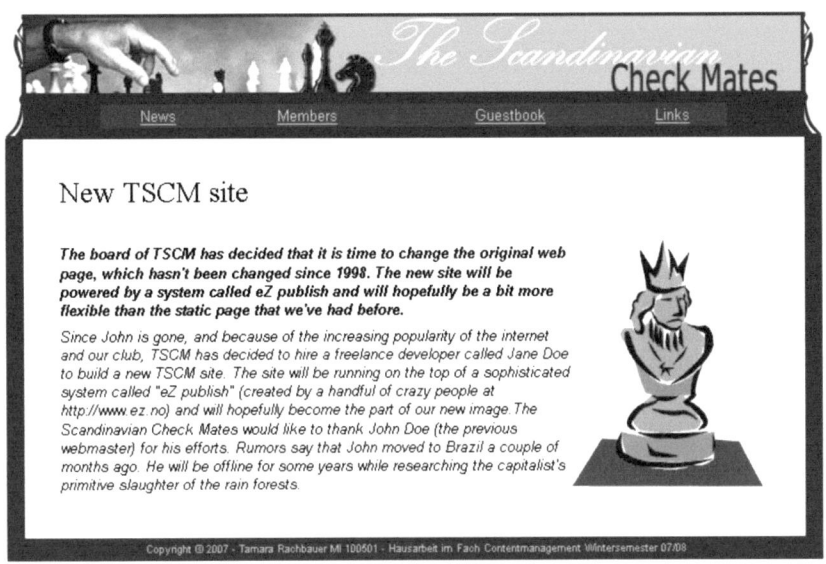

Abb.6.2.14.3 „Vollanzeige eines Newsartikels mit full_view_news_article.tpl"

Abb.6.2.14.4 „Vollanzeige eines Newsartikels mit full_view_news_article.tpl"

6.3 Benutzergruppen und Benutzerkonten

6.3.1 Benutzergruppen – User accounts

Eine eZ Publish Installation enthält standardmäßig vier verschiedene Benutzergruppen (user groups), die man über die Schaltfläche „User accounts" erreicht:

- Administratoren – Administrator users

- Autoren – Editors
- Gäste - Guest accounts
- Anonyme Benutzer – Anonymous users

Jede Benutzergruppe hat laut [eZ Publish Docs 2007] ein Set von Berechtigungen zugeordnet.

Benutzergruppen	Beschreibung
Administratoren – Administrator users	Administratoren können auf alle Funktionalitäten der gesamten Webseite zugreifen.
Autoren – Editors	Editoren können Inhalte hinzufügen, bearbeiten und löschen.
Anonyme Benutzer – Anonymous users	Nicht eingeloggte Besucher. Sie können alle Inhalte der Webseite ansehen, die öffentlich zugänglich sind.
Gäste - Guest accounts	Gäste besitzen standardmäßig dieselben Rechte wie Anonymous User.

Tabelle 6.3.1.1 Überblick über die drei wichtigsten Benutzergruppen von eZ Publish, [eZ Publish.Docs 2007]

Durch Klick auf den Link „Roles and policies" gelangt man zu den verschiedenen Rollen, die standardmäßig in eZ Publish existieren.

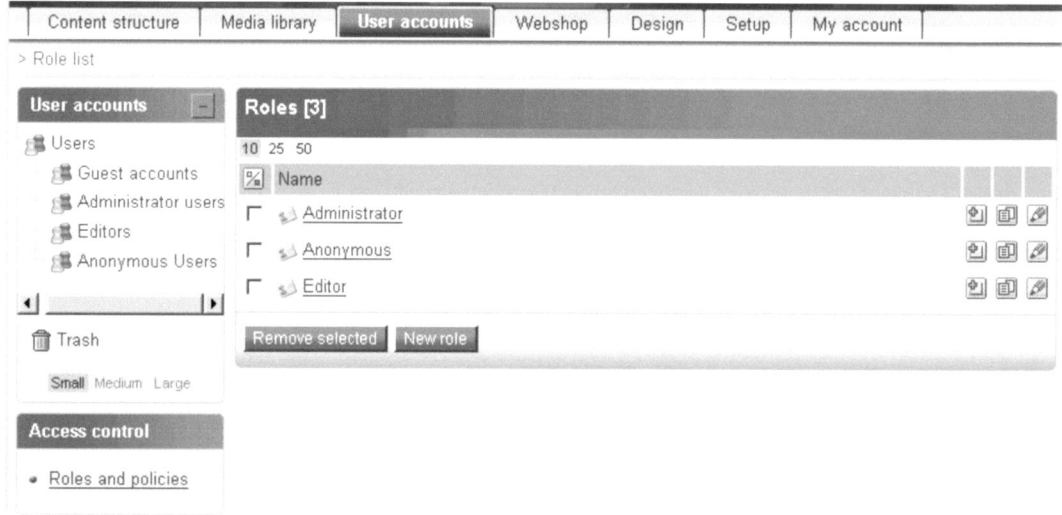

Abb.6.3.1.1 „Die verschiedenen Benutzergruppen und Rollen"

Durch Klick auf eine der Rollen, erhält man eine Übersicht über die zu der Rolle gehörenden Berechtigungen.

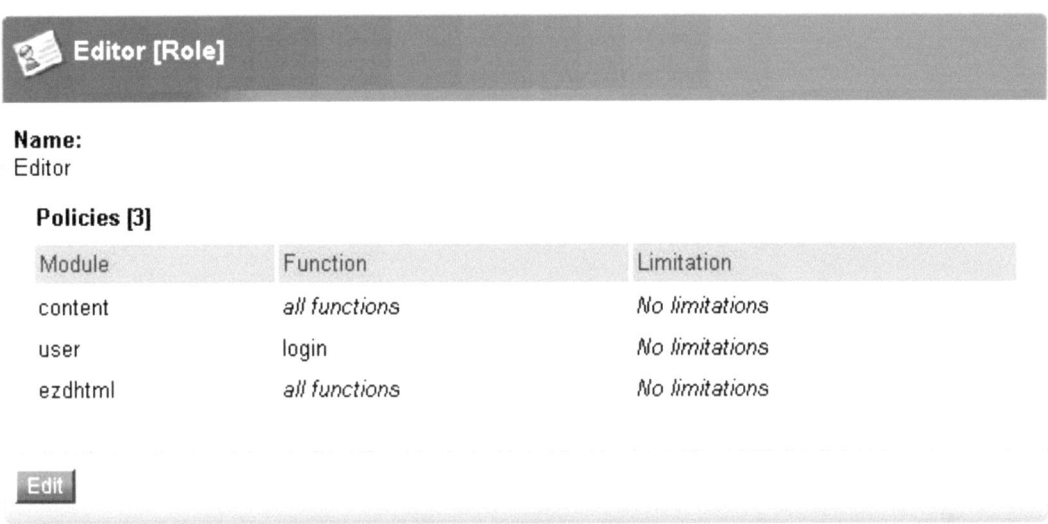

Abb.6.3.1.2 „Die Editor Rolle und deren Berechtigungen - Policies"

Klickt man hier auf die Schaltfläche „Edit" kann die Editor Rolle bearbeitet werden.

- Es kann z. B. ein anderer Name vergeben werden,
- eine neue Berechtigung über die Schaltfläche „New policy" erzeugt werden,
- eine bestehende Berechtigung über die Bleistiftschaltfläche geändert werden oder
- eine bestehende Berechtigung gelöscht werden.

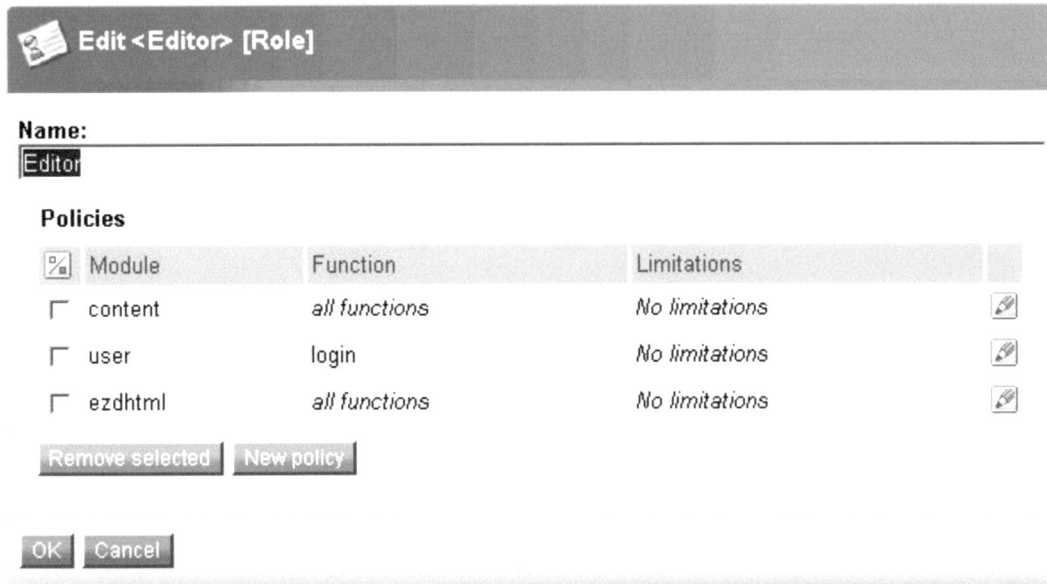

Abb.6.3.1.3 „Die Editor Rolle und deren Berechtigungen – Policies bearbeiten"

Der folgende Screenshot zeigt die Read-Berechtigung für die Rolle „Anonymous", die der Gruppe der „Anonymous Users" zugeordnet ist.

Hier kann festgelegt werden, welche Inhalte sich die Mitglieder der Gruppe „Anonymous User" auf der Webseite ansehen dürfen.

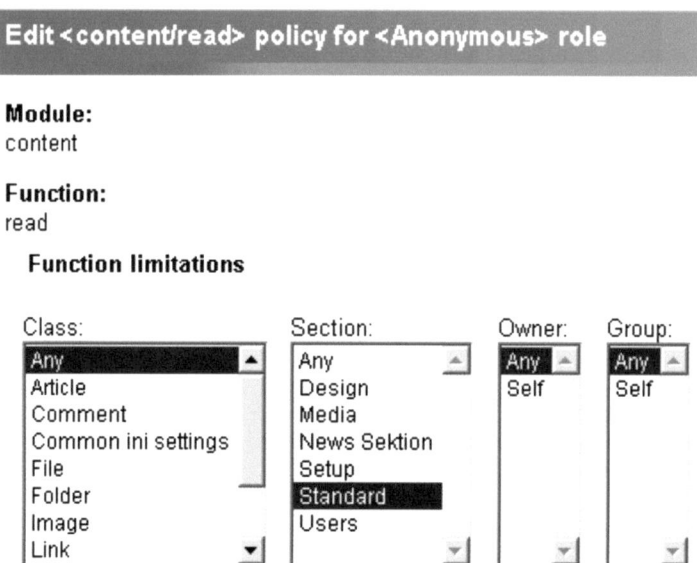

Abb.6.3.1.4 „Beispiel für die möglichen Einstellungen beim Verändern einer Berechtigung"

Durch die Möglichkeit des Erstellens von Rollen mit Berechtigungen und dem Zuweisen dieser Rollen zu Benutzergruppen, hat man die Möglichkeit das Benutzerinterface für die verschiedenen Benutzergruppen individuell einzuschränken und anzupassen.

6.3.2 Ein neues Benutzerkonto anlegen

Um neue Benutzerkonten anzulegen, z. B. in der Benutzergruppe Editors, geht man folgendermaßen vor:

1. Auf den Link der Benutzergruppe klicken, in welcher man einen neuen Benutzer anlegen möchte

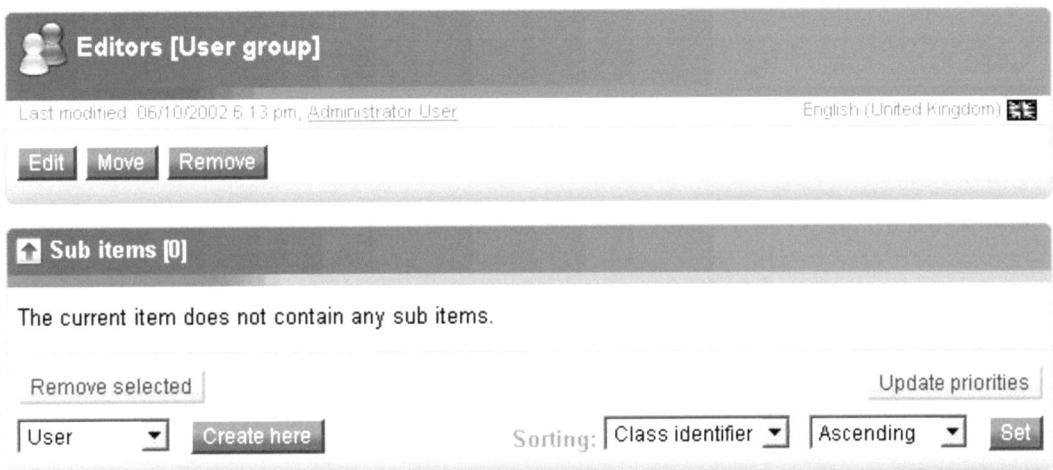

Abb.6.3.2.1 „Einen neuen Benutzer in der Gruppe der Editoren anlegen"

2. Im DropDown Menü „User" auswählen und auf die Schaltfläche „Create here" klicken.

3. Die Informationen zum Benutzer ausfüllen:

- Vorname – First Name
- Nachname – Last Name
- Benutzername – Username
- Passwort – Password
- E-Mail
- Ein Bild – Image, wenn gewünscht

4. Anschließend auf die Schaltfläche „Send for publishing" klicken.

Der neu angelegte Benutzer erhält automatisch die Berechtigungen, die der Benutzergruppe zugewiesen sind, in welcher er angelegt wurde.

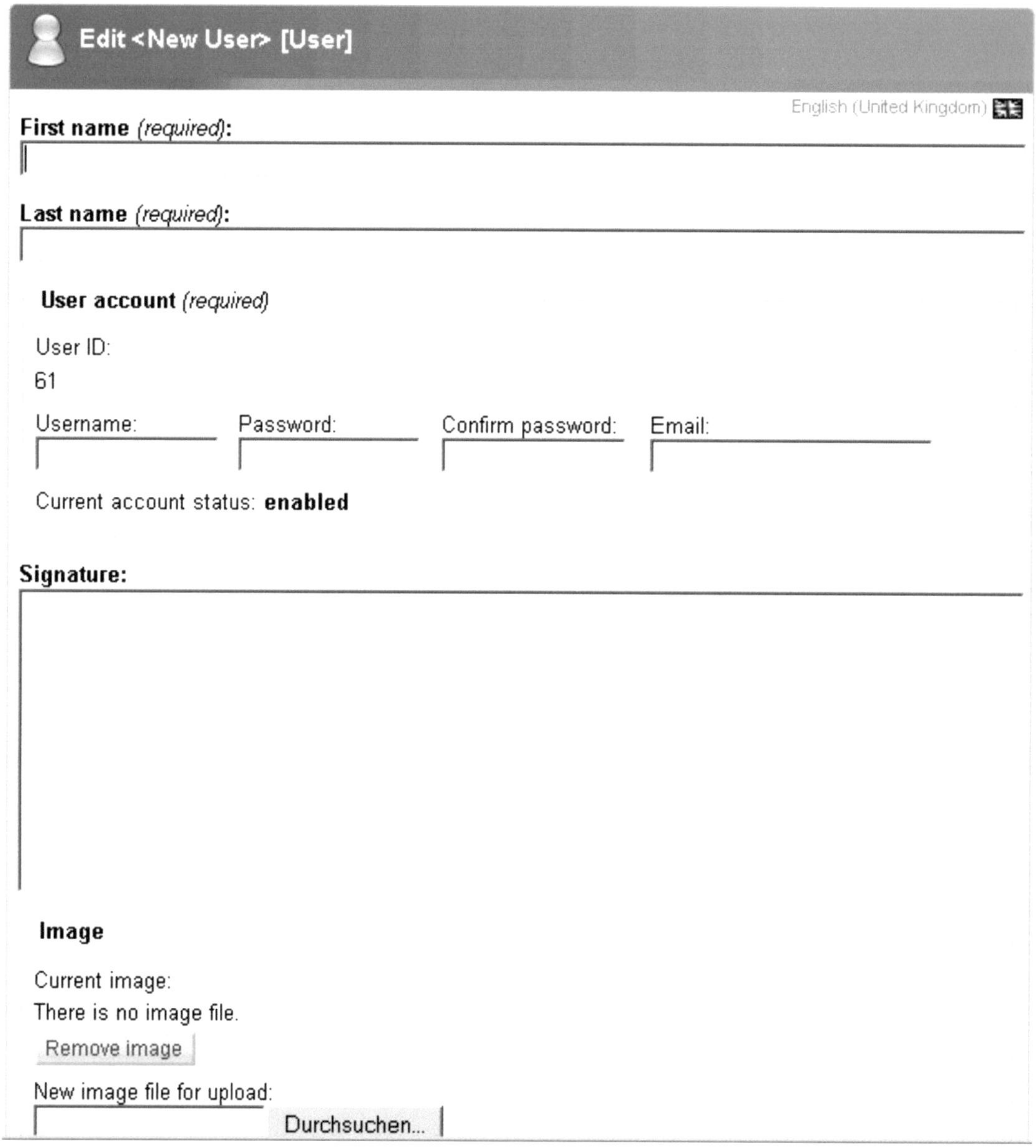

Edit <New User> [User]

English (United Kingdom)

First name *(required)*:

Last name *(required)*:

User account *(required)*

User ID:
61

Username: Password: Confirm password: Email:

Current account status: **enabled**

Signature:

Image

Current image:
There is no image file.

Remove image

New image file for upload:

Durchsuchen...

Abb.6.3.2.2 „Benutzerinformationen ausfüllen"

Ebenso können auch neue Benutzergruppen angelegt werden, wenn man mit den vorhandenen nicht auskommen sollte.

7 Besonderheiten von eZ Publish

In eZ Publish gibt es verschiedene Content-Arten und Media-Arten, die in den nachfolgenden Abschnitten in Form von Tabellen kurz beschrieben werden.

7.1 Content-Arten

Content-Art	Beschreibung
Article	Struktur zum Speichern von Artikeln.
Comment	Struktur zum Speichern von Kommentaren und Feedbacks.
Company	Struktur zum Speichern von Firmeninformationen.
Feedback form	Struktur für Feedbackformulare bzw. Kontaktformulare.
Folders	Struktur für Informationsseiten wie z. B FAQs und Folder (Ordner), die also meist aus einer Sammlung von Artikeln, Bildern etc. bestehen.
Forum	Struktur zum Speichern von Foreninformationen, enthält meist mehrere Unterforen.
Forum reply	Struktur zum Speichern von Forenantworten, die von Webseitenbesuchern erstellt wurden.
Forum topic	Struktur zum Speichern von Forenthemen.
Gallery	Struktur zum Speichern von Bildergalerien.
Link	Struktur zum Erzeugen, Anzeigen und Speichern von Hyperlinks.
Person	Struktur zum Speichern von Informationen über eine Person.
Poll	Struktur zum Speichern von Polls. Polls dienen zum Sammeln von User Feedback. Damit wird eine einfache Frage mit mehreren Antwortmöglichkeiten gestellt, von denen der User eine auswählen kann.

Product	Struktur zum Speichern von Informationen über ein Produkt. Wenn die Webseite als Webshop eingerichtet wurde, können damit neue Produkte für den Shop erstellt werden.
Review	Struktur zum Speichern von Produktvorschauen.
Weblog	Struktur zum Speichern von persönlichen Blogs.

Tabelle 7.1.1 Überblick über die verschiedenen Content-Arten von eZ Publish,
[eZ Publish.Docs 2007]

7.2 Media-Arten

Media-Art	Beschreibung
File	Struktur zum Speichern von Dateien und einer Beschreibung der Datei.
Image	Struktur zum Speichern von Bildern und einer dazugehörigen Beschreibung.
Quick Time, Flash, Real Video, Windows Media	eZ Publish unterstützt diese Multimediaformate.

Tabelle 7.2.1 Überblick über die verschiedenen Media-Arten von eZ Publish,
[eZ Publish.Docs 2007]

7.3 Features

7.3.1 Audit trailing

In eZ Publish ist es möglich, automatisch so genannte „audit logs" zu generieren.

Dabei stellt das System laut [eZ Publish Docs 2007] ein Set von „audit-Funktionen"
wie z. B.

- user-login (erfolgreiche Loginversuche),
- user-failed-login (erfolglose Loginversuche),
- content-move (Inhalte werden verschoben),
- content-delete (Inhalte werden gelöscht),
- role-change (wenn Rollen verändert werden),
- role-assign (wenn Rollen zugewiesen werden),

80

- section-assign (wenn Sektionen zugewiesen werden),
- order-delete (wenn Webshop-Bestellungen gelöscht werden)

zur Verfügung, mit denen „audit logs" von verschiedensten Benutzeraktivitäten erzeugt werden können.

Als Minimum werden folgende Informationen gespeichert:

- Timestamp – wann ist die Aktion passiert,
- IP Address – wo ist die Aktion durchgeführt worden,
- username und ID – welcher Benutzer hat die Aktion durchgeführt.

7.3.2 Clustering

Mit Hilfe des Clustering Features ist es laut [eZ Publish Docs 2007] möglich eine eZ Publish Webseite auf mehrere Webserver aufzuteilen oder anders ausgedrückt auf mehreren Webservern laufen zu lassen. Damit erhöht sich die Performance des Systems beträchtlich.

7.3.3 Packages

Packages dienen dazu Teile einer Webseite, wie z. B. Inhalte oder Designs, als Paket abzuspeichern und für eine andere eZ Publish Installation zu verwenden. Ein solches Paket wird als „.ezpkg"-Datei exportiert.

7.3.4 Advanced redirection after login – Weiterleitung nach dem Login

Mit diesem Feature ist es möglich, bestimmte Benutzergruppen oder einzelne Benutzer wie z. B. die Autoren von Newsartikeln, nach dem Login gleich zum News-ordner weiterzuleiten.

7.3.5 Notifications - Benachrichtigungen

In eZ Publish gibt es ein Benachrichtigungssystem, das Benutzer über verschiedene Ereignisse informiert, wie z. B. wenn ein Artikel upgedated wird, neue Artikel veröffentlicht werden, wenn Workflows ausgeführt werden etc.

7.3.6 Search Engine – Suchmaschine

In eZ Publish gibt es eine integrierte Suchmaschine, welche Objekte anhand von Attributen, wie z. B. Titel eines Artikels, Preis eines Produktes, etc. indiziert.

Welche Attribute indiziert werden sollen, kann über Checkboxen beim Erzeugen der Objekte angegeben werden.

7.3.7 Multi-Language

In eZ Publish muss laut [eZ Publish Docs 2007] keine Hauptsprache, sondern eine Default-Sprache festgelegt werden. Diese wird immer dann, wenn nicht explizit eine andere Sprache gewählt wurde, verwendet.

Wenn eine Sprache, z. B. Englisch, für ein Objekt (z. B. einen Artikel) festgelegt und dieses Objekt in der festgelegten Sprache erzeugt wurde, ist es jederzeit möglich, dieses Objekt in eine andere Sprache, z. B. Französisch, zu übersetzen.

Die Übersetzungen dieses Artikels können dann gleichzeitig von mehreren Benutzern durchgeführt werden, dabei führt jeder Benutzer immer nur an einer Version eine Übersetzung durch. Die Sprachen, in welchen Inhalte erzeugt bzw. in welche Inhalte übersetzt werden sollen, bezeichnet man als „translation languages".

Seit eZ Publish 3.9 ist es auch möglich Klassennamen, Klassenattribute und Ländernamen in mehrere Sprachen zu übersetzen.

Seit eZ Publish 3.8 kann festgelegt werden, in welchen Sprachen die Inhalte einer Website angezeigt werden sollen. Dieses Set von Sprachen wird als „site languages" bezeichnet.

Länderspezifische Einstellungen wie z. B. die Sprache, Zahlenformate, Währungsformate, Datum-, Zeit-, Kalenderformate werden in der so genannten „locale" gespeichert.

8 Resümee

Aufgabe war es das Open Source Enterprise Content Management System eZ Publish zu installieren und eine Homepage, eine Artikelübersichtsseite und eine Artikelseite in einem an CHESS angelehnten Stil zu erzeugen. Anhand der dabei notwendigen Vorgehensweisen war es möglich, einen guten Überblick über die Vor- und Nachteile dieses Systems zu erhalten.

Sind die empfohlenen Installationsvoraussetzungen (Apache, MySQL oder PostgreSQL, PHP) erfüllt, ist die Installation mit Hilfe eines Assistenten in einigen Schritten auf einfache Weise durchführbar. Dabei ist zu bemerken, dass diese Voraussetzungen von den meisten Hostinganbietern erfüllt werden.

Positiv aufgefallen ist auch, dass das Administrations-Interface sehr übersichtlich gestaltet ist, und man sich nach einer kurzen Einarbeitungszeit schnell zu Recht finden wird. Besonders erwähnenswert ist hierbei auch die Möglichkeit, den Content individuell in objektorientierter Denkweise zu strukturieren, wodurch Inhalte leichter auffindbar und präsentierbar werden.

Ebenso ist auch das Erstellen von Artikeln auf einfache Weise möglich, da das Eingabeformular sehr selbsterklärend ist, und man mit Hilfe des integrierten WYSIWIG-Editors als Autor keine HTML-Kenntnisse haben muss.

Weiterer Pluspunkt, der beim Arbeiten mit eZ Publish aufgefallen ist, ist das Versionierungssystem, das bei jeder Datenänderung eine neue Version erzeugt, wodurch die Vorherige erhalten bleibt und ungewollte Veränderungen schnell wieder rückgängig gemach werden können.

Sowohl das Erstellen von Benutzerkonten in den vorhandenen Benutzergruppen als auch das Bearbeiten der verschiedenen Rollen, das heißt das Anpassen der darin enthaltenen Berechtigungen bzw. das Hinzufügen von neuen Berechtigungen, und das Zuweisen der Rollen zu den Benutzergruppen ist über das Administrations-Interface auf einfache Weise möglich.

Komplex dagegen war das Einarbeiten in die Systemstruktur, um eine eigene Webseite mit einem eigenen, benutzerdefinierten Layout zu erzeugen.

Komplex deshalb, weil man verstehen musste, wann eZ Publish welche Templates verwendet, um Inhalte anzuzeigen, wo diese Templates gespeichert werden müssen, wo, welche Inhalte abgelegt werden müssen etc. Dabei sind schnell Begriffe wie Template-Override-System, Content-Knotenbaum zur hierarchischen Strukturierung der Inhalte, Sektionen zur logischen Aufteilung des Content-Knotenbaums und Views aufgetaucht.

Um zu verstehen, was es mit diesen Begriffen auf sich hat, welche Funktionen diese haben, wie sie zusammenhängen und wie diese angewendet werden müssen, waren mehrere Tage Einarbeitung notwendig.

Negativ aufgefallen ist hierbei, dass die notwendigen Templates zwar über das Administrations-Interface erzeugt, kopiert und bearbeitet werden können, dies aber so umständlich ist, dass man dazu lieber den Windows Explorer (wenn eZ Publish lokal installiert ist, ansonsten kann mittels FTP auf dem Webspace die eZ Publish Ordnerstruktur durchsucht werden) und einen Texteditor verwendet. Das Auffinden der Ordner bzw. Templates ist über den Explorer weitaus schneller und einfacher möglich.

Das Verständnis für und die Einarbeitung in die Templatesprache waren durch ausführliche Beispiele mit genauen Erklärungen unter [eZ Publish Docs 2007] nach einer relativ kurzen Einarbeitungszeit vorhanden. Mit Hilfe dieser Beispiele war es möglich, die Templatebefehle für die eigene Webseite entsprechend anzupassen.

Das CMS eZ Publish ist ein sehr mächtiges System mit sehr vielen Funktionen, die die täglichen Abläufe erleichtern und auch den Administrator bei seiner Arbeit unterstützen (Versionierung, Worklflow, Audit logs, Rollen und Berechtigungen, etc.), und einem Entwicklungs-Framework, welches es möglich macht individuelle Erweiterungen zu programmieren und so das System an eigene Bedürfnisse perfekt anpassen zu können.

9 Literaturverzeichnis

[eZ Publish 2007] ez Publish. *„Homepage des Open Source Enterprise Content Management Systems"* WWW-Präsentation, 2007. http://ez.no/de/

[eZ Publish Community 2007] eZ Publish Community. *„Community-Seiten des Open Source Enterprise Content Management Systems"* WWW-Präsentation, 2007. http://www.ezpublish.de/

[eZ Publish Developer 2007] eZ Publish Developer. *„Downloadseite zum Herunterladen der Erweiterungen des Systems"* WWW-Präsentation, 2007. http://ez.no/de/developer/contribs

[eZ Publish Docs 2007] eZ Publish Docs. *„Dokumentationsseiten des Open Source Enterprise Content Management Systems"* WWW-Präsentation, 2007. http://ez.no/doc

[eZ Publish Download 2007] eZ Publish Download. *„Downloadseite des CMS"* WWW-Präsentation, 2007. http://ez.no/de/download

[eZPUL 2007] eZPUL. *„eZ Proprietary Use License. Version 1.0"* WWW-Präsentation, 2007. http://ez.no/de/products/proprietary_license_options/ez_proprietary_use_license_v1_0

[Farstad 2006] Bard Farstad. *„Building a custome Template for a news portal"* WWW-Präsentation, 2006. http://ez.no/developer/articles/building_a_custom_template_for_a_news_portal

[GNU 2007] General Public License. *„GNU General Public License. Version 3, 29.Juni 2007"* WWW-Präsentation, Juni 2007, http://www.gnu.org/licenses/gpl.html

[Halasy und Groganz 2004] Balazs Halasy und Sandro Groganz. *„Building an eZ publish site"* WWW-Präsentation, November 2004. http://ez.no/ezpublish/documentation/building_an_ez_publish_site

[Huschke und Dörre 2007] Reinhard Huschke und Ekkehard Dörre. *„eZ publish ECMS in 7 Schritten für Editoren"* Handbuch, August 2007.

[Kindblad 2006] Per-Espen Kindblad. „Elemente erstellen, ändern, bearbeiten und löschen" Seiten 7–11. In *eZ publish 3.7.5 Deutsche Version.* Handbuch, April 2006.

[Kindblad 2006a] Per-Espen Kindblad. „Technische Menü-Inhaltsbearbeitung" Seiten 13–34. In *eZ publish 3.7.5 Deutsche Version.* Handbuch, April 2006.

[Wikipedia 2007] Wikipedia. *„eZ Publish"* WWW-Präsentation, Oktober 2007.
http://de.wikipedia.org/w/index.php?title=EZ_Publish&oldid=37995872

10 Abbildungsverzeichnis

11 Tabellenverzeichnis